蒼顏皓首憶當年

流亡甘苦談

李自德 · 著

題辭代序

憶當年，好像一塊石子投入平靜的湖面，立即濺起一圈圈
　　的漣漪……

憶當年，好像打翻了五味瓶，瞬間，酸、甜、苦、辣、鹹
　　一齊湧上心頭……

兒序

　　老爸這本回憶錄定稿後準備出版，但缺少個序文，老爸表示說這等拙作不擬找人賜序，以免令人恥笑。可是一般書冊都有個序，獨此缺如，總覺得像少點什麼似的，不完整。為了補遺，我就自告奮勇的來「濫竽充數」吧！

　　大約在十好幾年前，老爸返回睽違四十多年的故鄉探親，想著以往，看著眼前，感慨萬千，想見的人多已凋零，眼前的眾多親人多為他離家後出生的晚輩們，在暢談敘舊後，他們懇切要求老爸把離家幾十年的遭逢，能以書面文字寫成書冊，好讓家人後輩仔細了解一番。

　　老爸返台後，就著手寫回憶錄，但他的想法，希望我可以一起協助完成，於是家父將完成的手稿交由我打字及整理，之後再請他過目檢查，如此反覆多次，經過一段時日，作品慢慢有了雛形。

　　透過每次的打字，我除了深入了解父親自幼到求學、離鄉到入伍、被俘到來台等經歷。更體會到他吃苦、耐勞、忍辱負重、遭受之苦難與折磨令人鼻酸。父親平時也會跟我提及他過去的故事，但我都當作耳旁風，並不在

意，這次看了他的鉅作，讓我銘感五內，其中還有些情節讓我不禁流下了欽佩的眼淚。

2018年底稿件悉告完成，透過整理老爸的回憶錄讓我認識到他諸多值得景仰的地方，書不盡意，請讀者諸君仔細品味，就可明瞭我所言不虛了。

李含青序於自宅
2019.1.28

作者肖像群

作者肖像（2018.9.6.）

作者肖像（1956.3.28.）

長葛縣中畢業照
（1946.5.30.）

中正學校高中部畢業
江西（1949.4.2.）

空軍預校入伍
大鵬（1953.6.16.）

空軍大鵬基地
潮州（1954.4.15.）

岡山
（1954.7.20.）

空軍通校畢業
（1956.3.28.）

岡山
（1956.3.28.）

岡山
（1956.3.28.）

嘉義
（1957.3.18.）

于嘉義
（1958.9.8.）

嘉義
（1959.8.10.）

嘉義
（1966.5.15.）

嘉義
（1967.11.20.）

台北市
（1989.7.10.）

台北市
（1995.7.5.）

台北市
（2004.8.20.）

作者伉儷（1987.1.31.）

1985.1.1.

1985.1.1.

1985.1.1.

1985.1.1.　　　　　　　　　1985.1.1.

春節（1992.2.9.）

作者全家戶外遊

作者全家戶外踏青

作者祖孫三代合照（2018.2.18.）

祖譜簡表

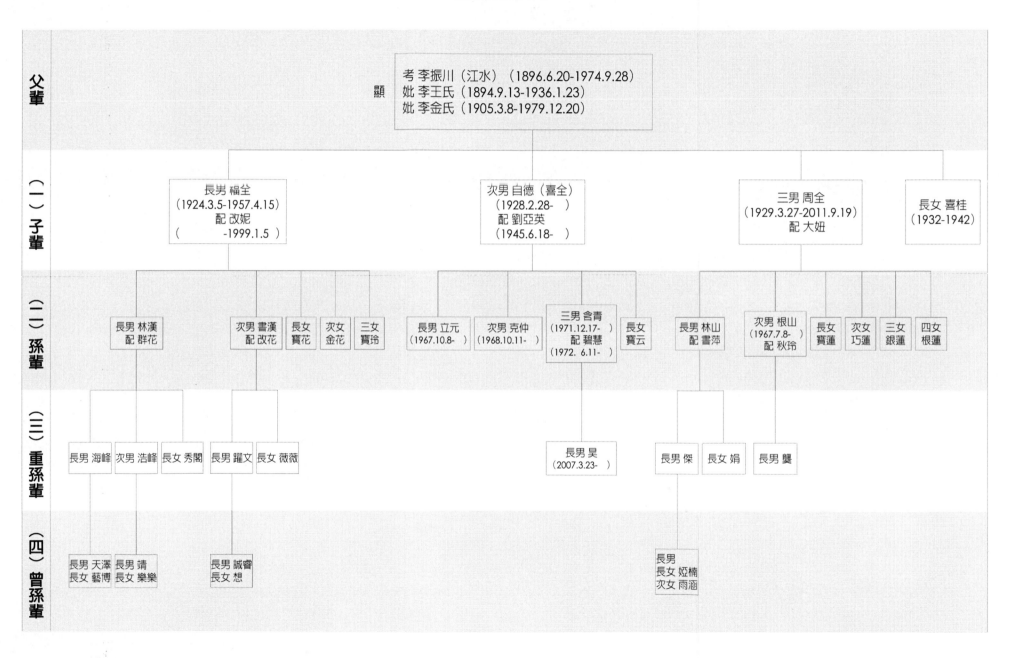

目次 | CONTENTS

第二章　詩文草

第三章　家信

第一章
我這九十秋

一、弁言

山中常遇千年樹，世上少見百歲人，[1]
須臾穿透九十載，回首檢視這一生。

日前，漫步台北街頭，途經書市，信手翻閱了幾本有
關傳記文學（回憶錄）之類的書冊。這些書的作者普及各
階層；且不乏退隱後之政商聞人與社會名流。書本的內
容，雖因人而異，但總體而言，大多是敘述他們個人一生
的奮鬥經過，包括其個人生平、重要言論、以及對社會付
出之心力和貢獻等等。其中有成就非凡的躊躇滿志，也有
壯志未酬的感慨和遺憾，林林總總，不一而足。

歸途上，隨著老爺公車之蠕蠕而行，宛如坐搖籃，難
得的片刻享受；放眼車外，街景繽紛，油然心曠神怡。每
到一停靠站，不經意的迎送著上下車的乘客；有爭先恐後
的躁進，也有謙恭禮讓的溫馨，形形色色，司空見慣。因
之，並不影響方才瀏覽書報攤所獲心得之回味，一路上

---

[1] 節錄《昔時賢文》。

勞頓難免，但頗覺不虛此行。

　　踏進蝸居，自我省思，並非聞人，亦非名流，但是倒有一點相似處，那就是皆為退休之輩，於是乎就難免不會泛起一些心靈上的漣漪。說實在的，打從離開職場之後，無案牘之勞形，心情驟然的放鬆，確實有一些難以形容的不自在感：飄忽、落寞、空虛、淒涼，排山倒海般湧現，似是徘徊在黃昏海岸，遊走在晚霞河濱，時而凝視著夕陽餘暉，時而仰望著寒夜流星，驀然回首，九十年的寶貴歲月已悄悄從身邊溜走，不已悵然。幾個同病相憐的難兄難弟有志一同，為排遺空寂，共商協議，作定期定量的『方城論劍』，或謂預防癡呆，或謂娛樂消閒，或謂短暫麻醉，或謂不良示範。迨量時漏盡，嘎然而止，輒盡歡而散，不亦快哉！然而在鏖戰之餘，曲終人散後，偶而亦萌異想天開之念，但自忖一介凡夫，豈敢打腫臉自我膨脹？而況敝邑有句譏諷不自量力者的諧後語說：「賴蛤蟆上秤盤，不知自己是幾斤幾兩了」，說的貼切中肯，不啻「冷水澆頭懷抱冰」。但是，物有貴賤，人有高下，虎狼吃肉，牛羊啃草，於是就厚著臉皮，不揣讓陋的提起塵封之禿筆，抱持著村童「和尿泥」之心態，把老朽這輩子的見聞概略回憶一下，想到那兒就寫到那兒，片片段段，星星點點的，宛如流水濫賬，雜亂無章，既沒

引人入勝之處，也沒參考價值可言，純粹是率爾操觚，必然貽笑大方。

二、自我速寫

農家子弟欲登枝，跋山涉水路崎嶇，

黌宇崩塌披戰袍，含飴弄孫黃昏時。

　　我姓李名自德，乳名喜全，自號樂天教主，河南省長葛縣人。父振川，乳名江水。母王氏，繼母金氏，兄福全，弟周全，妹喜桂；彼等均已先後與世長辭。

　　民國37年（1948）正值求學期間，由於內亂戰火不斷延燒，校園受到池魚之殃，當即跟隨學校，餐風宿露，奔走大江南北，曾流落在蘇、杭、鄂、皖；乞食於粵、桂、贛、湘，後來局勢動蕩日益加劇，棄學從軍，轉戰西南邊陲，一度陷入無助的黑暗期，幾遭不測。民國38年（1949）底遁走異域，被法軍囚禁於北越一廢棄礦場區內，後來遷至暹羅灣中一荒島（法屬越南富國島），成為國際俘虜。民國42年（1953）獲釋，轉赴台灣重作馮婦。民國55年（1966）在艱苦環境中，草率築巢，育三子，長子立元、次子克仲，國中畢業後，因智能傷殘，在啟智技藝訓練中心就教，三子含青大學畢業後赴美深造，取得美

國強森威爾斯大學企管碩士，旋即與其同窗王碧慧小姐結褵，目前育有一子昊（RYAN）。

民國74年（1985）卸下戎裝，踏上閒雲野鶴之路。回顧這坎坷的一生，可說酸甜苦辣鹹五味雜陳，有失意時的傷痛，也有苦難中的溫馨。際遇相當曲折離奇；當過叫化子（乞丐），品嚐到向人乞憐的窘態滋味。幹過看護兵，因護理工作生澀，而被訓斥「滾蛋」。開過計程車，曾遇黑道無端挑釁，險被圍剿。從事過廢棄物再生工作，倍感游刃有餘而雀躍。充任過翻譯官，宛如尸位素餐，虛有其表。客串過代課老師，深深體會到「命中無財莫強求」之道；當然也一直扮演著職業軍人的角色，經常展現發號施令的威風領導。凡此種種，看似多采多姿，但非身歷其境，無法體會到真正的辛酸和苦惱。

目前我已老朽年邁，賦閒在家，除「含飴弄孫」之外，依稀安度著閒情逸致的夕陽生活。

三、生日禮物

> 人之誕辰是喜慶，適度歡騰勿放縱，
> 勸君莫忘這一天，慈母當時在搏命。

　　記得幼小時候，每年到了生日這一天，母親總是會記著煮一個雞蛋給我吃，以示慶祝。在我幼小那個年代，農村的生活普遍都貧困，有粗茶淡飯享用就感滿足，雞蛋是很少吃的。也捨不得吃，通常雞生的蛋，寧可拿去賣掉換成錢作其他用途，也不輕易把它吃掉，可是到了生日這一天，就不一樣了；幾乎每個人在生日這天，家人都會準備一顆煮蛋，表示過了這天就又增加一歲了，就所知，這個風俗現在仍然在流行著，而且隨著農村日益富庶，過生日比以往更加豐盛許多了。這天不只是光吃一粒煮蛋，還增加了更多的菜餚，醇酒，甚至邀集親朋好友到五星級飯店痛飲大啖。至於為何生日吃煮蛋，不吃煎蛋、滷蛋或荷包蛋呢？真正的原因尚不清楚，只是大家都這樣做，有樣學樣，久而久之，相沿成習，就如同五月節吃粽子，中秋節吃月餅一樣。我母親仙逝之後，繼母入境問俗，蕭規

曹隨，在生日這天依舊煮雞蛋一粒，可是當我進入初中以後，這個習俗，對我來說就起了空前的大變化，原因是初中校區離家較遠，無法通勤上課，那個時候交通不發達，往來都是靠兩隻腳行走，路途太遠，不能每天步行回家，必須住校，起居飲食皆以校為家。如此一來，到了生日這天，不一定巧遇假期可以返家過生日，家中也不可能大老遠送一粒煮雞蛋到學校來。學校過的是團體生活，也不便要求炊事人員單獨為我煮一個蛋吃，而且生日吃蛋是別人為自己慶生而置備的，自己豈能主動要求？後來上高中後，離家更遠了，於是過生日吃煮蛋這件事就漸漸的淡化了，變質了。尤其進入軍營以後，因軍務繁忙緊張，有時候連哪天生日幾乎都忘到九霄雲外了。所以我這一生除了小時候在家吃煮蛋象徵過生日之外，幾乎沒有在生日這天正式過過生日，軍隊講求群體生活，有一定的規矩制度，個人小事乏人注意，後來為了強化部隊向心力，層峰通令三軍推行「以軍作家」的人性化管理，部隊每個月都會舉辦一次慶生會，除值勤者外，不分官兵都聚集在一起，有說有笑，有唱有跳，配合著形形色色的克難節目共同熱鬧一場，凡是當月出生的壽星人員都安排坐在貴賓席上，並獲頒生日禮物一份，生日禮物的質量視經濟狀況而定，原則上多為價廉物美者，不過每年都領一次，久了，同類禮品有很多件，形成累贅，如同雞肋，丟棄吧，可惜；不丟

吧，礙事，就這樣一晃幾十年過去了，從來沒有風光的過過生日，不過久了，習慣了，也沒有那一點感到不對勁的地方，可是現在的社會隨著時代的進步，排場的生日慶典也起了空前的變革，不論年長年少，對隆重的過生日，都相當在乎。所幸目前社會繁榮、工商發達、物資尚充沛、人人都富有，舉辦一場闊綽的慶生活動，可說易如反掌，縱然花消多一點，但自我甘心情願，也不會被認為是奢華。再說這是個人自由，暢快的狂歡一下，更也不算是太過踰矩。於是乎，或邀約摯友敘舊擺龍門，或集結族人圍爐話家常；同時，佐以珍饈，大快朵頤，觥籌交錯，不醉不休，嗟乎！豈奈我何！蓋今日之社會，講求的是現實享受，熱中的是放任不羈，時下有一首流行小曲兒：「只要我喜歡，有什麼不可以。」正切中時弊。於是，我行我素，想幹啥，就幹啥，別人管不著。如此這般之景象，彷彿是走進了桃花源，奇特吧！

　　民國99年（西元2010年）這年，我正好是八十歲。依照我國的舊有傳統習俗，過八十歲生日這天要大肆鋪張一番的，也就是說這年過生日要比以往隆重很多，原因是我國人非常重視這個80歲，加上國人以前的平均壽命不是很高，俗話說：「人生七十古來稀」，一個人能夠在這個世界上存活80年，實在是一件不容易的事，由於得來不易，所以一個人到了80歲，似乎理所當然的，非要歡天喜地的

大事鋪張一番不可，由於是傳統，也無可厚非，幾個患難中的老友，盛情滿腔，一再慫恿，希望我能隨俗，而我的原則是相聚話舊則可，以壽我之名為之，則免議。他們深知我沒有這個意願，又不便正面的一再勸進，於是就用迂迴戰術，拐彎抹角的說，咱們大家的年齡先後都差不了多少，乾脆大家一塊聯合辦個慶生會。一舉數得，不亦樂乎，至於時間就選定在今年，有句俗話說：「禿子頭上的虱子，明擺著哩！」兜了一個大圈子，還是在打鴨子上架呀；河南家鄉一群晚輩們也老早就醞釀著為我籌辦祝壽活動，還理直氣壯的說：「您年高德劭，辛苦一輩子了，應該熱鬧熱鬧了」，不過他們這些盛情美意，我都一一謝絕了，原因很簡單：第一、我覺得自己雖然僥倖闖過了「古稀之年」大關卡，又特別延伸一程，活到了80歲，總該慶賀一番吧，但是仔細檢討，這一生享福確實談不上，可是受罪倒真的是不少，凡此種種暫且不多做論述，單就個人來說，這一輩子沒啥子成就，不需張揚。對社會來講，也沒特別的貢獻，故不值得慶祝。第二、作為人子者講求的是孝道，我國人一向重視「忠、孝、節、義」，可是我這一生對雙親未曾盡過絲毫烏哺之報，無具體孝道可言，雖然說這是時勢驅使，並非故意規避，尚且，「孝順是論心不論事，論事千古無孝子……」，但是在內心深處仍然感覺著是一個疙瘩。再者，也有人把生日定位是「母難

日」，也有不少人在生日這天採取禁食或吃素來度過，以感念慈恩，我豈能反行其道？第三、要說是怨天也好，尤人也罷，你看擺在眼前的家事、國事、天下事，一團混亂，鮮有稱心如意者，沈浸在這樣的氛圍之中，實在沒有心情來苦中作樂。基於以上幾點，或謂強詞奪理也好，或謂荒謬之論也罷。總之，不舉辦生日慶祝活動，但是時下有一句流行說詞：「凡走過必留下痕跡」，這麼一來，可以不慶祝，不可以把腳印抹煞掉，於是乎就硬著頭皮把這一生的遭逢，使勁的想它一想，「以貓洗臉」和「雞啄食」的架式，東扒扒，西扒扒，胡亂撰寫它一點，彙集起來，就算是留下的腳印吧！同時,適逢我這個所謂「老芋頭」之九秩生辰，也可算作是自備的一份生日禮物吧！

四、生辰溯源

　　人生原本是場戲，遭逢挫折甭在意。

　　陰錯陽差時常見，隨遇而安任它去。

　　我的出生年次有兩套版本：一為西元1928年，一為西元1930年；相應的，我的名號也有兩種叫法：一為本名，一為乳名。

　　我自出生至啟蒙入村塾，統以乳名呼之，而隨著倡行西化教育之腳步插班進入洋學堂之後，則均以本名名之。（所謂洋學堂，即長葛縣立中岳店中心國民小學是也，那時候相對於私塾而稱作是洋學堂），既而一直沿用本名至今，迄未變動。而出生日期之鬧雙胞，其原因乃陰錯陽差造成，小時候聽父母說我是屬龍的，歲次戊辰，民國17年（1928）2月28日生，可是現在法定的生辰則是民國19年（1930）12月28日，為何會有這樣的落差呢？說起來就像二大娘的纏腳布一樣，又臭又長，同時也像古時候糊塗縣太爺過堂審案一般，令人噴飯，煞是荒唐，不過，這已是60多年以前發生的陳年往事了。

「你叫什麼名字？」

「我叫李自德」。

「哪裡人？」

「河南」。

「性別？」

「男」

「年齡？」

「20歲，民國17年2月28日生」

「什麼？」問話的人似乎沒聽太清楚我的回話，繼續再追問：「是2月28日生嗎？」

「是的，是2月28日」

「嗯，是（10）2月28日」他邊問邊記的說：「OK，12月28日，沒你事啦，下一位」…

這是民國37年隨著省立中正學校（原國立十中）在大江南北流亡期間，淪落到廣西境內，貧困潦倒，走投無路，被拉去當兵以後，建立個人資料時之概略詢答實況，繼而又經過不知多少次的移動，曾幾何時，我的出生年次「17」在不經意之下，又被弄成「19」了，如此一來，我變年輕了，我的出生年月日也就成了民國19年12月28日了，在那段非常時期，由於世局混亂，環境惡劣，風聲鶴唳，草木皆兵，宛如世界末日即將來臨，前途一片茫茫，加上追兵在後，何去何從，已無主意，只有隨波逐流，俗

話說「老丈人（岳父）死了哭爹，隨大众」，於是就盲目的遁逃。而且在三餐不繼，朝不保夕的狼狽情況下，小命尚且不保，年齡大小算個屁事，所以當時並未重視與理會，其後，亦未及時更正，就這樣糊里糊塗的一直沿用到現在，很可能就這樣將錯就錯下去，而且緊密的陪伴著我一起走向永遠永遠。

五、家世背景

世居僻鄉司農耕，收成良窳靠天公。

如遇晴雨頻失調，難免啜飲西北風。

1. 原郡故里

　　我的故鄉在河南省長葛縣【1993/12/14改為長葛市】，河南省地跨黃河兩岸，而大部分的疆土分佈在黃河以南，所以叫做河南省。河南境內行政區劃分為9州，8府，108縣，這是從前的劃分法，現在全省區分為43市，111縣，長葛縣是其中一個吊車尾的小縣，但是縣分雖小，卻有著亙古的史蹟，依據縣誌記載：「長葛，蓋葛天氏的故址也，後人永思其澤，故名長葛……」。又三胞聯誼會編印之「鄉情鄉音」記載：「長葛為中州名縣，相傳為遠古時代葛天氏部落聚居的地方，後人永思其澤，取名長葛，又傳在創邑之初，有葛條附樹，故名。又經考古發現，境內有裴李崗，仰韶，龍山二星頭文化遺址多處，……從而證實，遠在石器時代，我們的祖先就在這裡繁衍生息了」。

由此可知長葛縣是一個具有悠久歷史的縣份。這裡民風純樸勤奮，民性善良憨厚，惟民心古板保守，在非常時期，他們的意念是寧可在家鄉受苦受罪，也不願意出外發展，而且還具有「窮死不做賊，餓死不逃荒，死要死在自己家的土地上」的頑固特質，同時還秉持著「日出而作，日入而息，鑿井而飲，耕田而食，帝力與我何有哉！」之大同理念，自食其力，與世無爭。我自幼生長在這種環境之中，耳濡目染，難免不受到些微影響，60多年以前，若不是一味的追求學問，跟隨學校東奔西跑，恐怕也不會離開這個家園的。

長葛縣由於是小縣，他的總面積不大，東西長約75里，南北寬約40里，依據新近官方資料顯示，目前全縣有6個鎮，6個鄉，357個行政村，746個自然村，總人口約有60萬人，其四週疆域，北鄰新鄭，南鄰許昌，西鄰禹州，東鄰鄢陵，東北距離開封約180里，西北距離洛陽約280里，距離少林寺約150里。境內有平漢鐵路，縱貫公路，近年來又興建了一條高速公路及一條高速鐵路，以現在來說，交通還算便利。其幅員大小和今天台灣一個普通縣差不了多少，只是經濟條件就相差太大了，主要原因是地處內陸平原，不臨海岸，河流也很少，水很珍貴，由於水源不足，農作物就不豐盛，耕地都是旱田，年收成兩季，夏收小麥，秋收大豆、玉米、高粱等五穀雜糧，因為都是所

謂的看天田，所以產量不多，人民百姓的生活相當困苦，在這種艱苦的環境裡，我幼年時代的生活，自然談不上優渥與美好，更甭說黃金和燦爛了。

在這樣一個貧瘠落後的農業地區，除耕種傳統農作物之外，沒有其他特殊珍貴的出產物，當然工商業也就不發達，但是由於這裡是一片黃土大平原，一向為兵家爭奪之地，所以自古至今戰亂頻仍。戰火是無情的，每戰必有損傷，加上宵小趁機打家劫舍，擄人掠財，往往弄得雞犬不寧，杯盤狼藉，吃虧遭殃的都是這些忠厚老實、辛勤耕作的農民百姓。以近代來說吧！民國初年，軍閥之爭奪戰，日本帝國主義侵華之戰，都曾波及到這個地區；所以我的童年是在兵荒馬亂中成長的，也是在不斷的逃難中度過的，說起來實在悲慘、可憐和不幸。

距縣城西南方約20里處，有一個不起眼的小村落，名為裴庄的自然村就是我八、九十年前誕生的地方，也是我老家世世代代相傳的根據地，由家族長輩們口中得知，我的祖先是從山西洪洞縣大槐樹下移民過來的，至於確實情況如何，可信度有多少，以及打從何時遷到這裡來的等等，具體資料闕如，也就無從查考了，不過住在這裡的村民們都口耳相傳，確認我們的祖先在這裡居住生息已經是相當長久的時間了。

在裴庄這個村子裡，居住著約有一百多戶人家，全都

姓李。每個家庭都不是很富裕，但是在程度上仍然有些微高低差距，以擁有的耕地來說，每一家戶從一畝到四五十畝，多寡不等。我家有四十多畝田地，以當時情況來說不算貧戶，但也不是富豪，相對來說，算是「人家騎馬，咱騎驢……比上不足比下餘」的小康之家。據說在我高曾祖父以前的年代，我家在這個村上是個大戶，所謂大戶就是家中地多、人多、牲口多，當然錢也比較多，那時號稱是五代同堂的大家族，聲勢浩大，曾威風過一時，但是人多嘴雜，人多是非多，在一起相處久了，相互之間難免產生猜忌和齟齬，俗語說：「一個和尚提水喝，兩個和尚抬水喝，三個和尚沒水喝」，消極現象孳生了，當家掌櫃的弄得焦頭爛額無計可施，為求寧人息事，就走上分家分產之路，各個人自立門戶。據說在我曾祖父這一代過了一段平穩的日子，延續到我祖父這一代，仍然擺脫不了再演鬩牆之爭的戲碼。我父親分到40多畝土地，在那個年代土地就是財富，「有土斯有財」。不像現在不完全講求土地，更進而擴及房屋、資金、票券投資等，這樣經過多次瓜分之後，每個小家庭都有自己的土地產權，或固守或轉讓，各人都有各人的自主權，別人不得干涉。連續經過幾番更迭之後，大戶的招牌就走入了歷史。

我們這個祖傳的大戶，經過不斷的分裂到我父親這一代的情況，就我粗略的了解，有兩幹五支，第一幹分為

三支：大大爺、二大爺、三大爺；第二幹分作兩支：我父親排行老四，我叔父排行老五，支多的每戶家財較少，支數少的每戶家財較多。我叔父進取心強，善於理財，家產較多，應該算是我們村上的首戶。我父親居其次，但我父親較保守，不揮霍、少擴充，謹守著祖父遺留下的稀貴田產，用勞力耕作，養活著一家大小。以當時擁有的田地言，對一個六口之家來說，並不算是很富有，但是相對而言，「蜀中無大將，廖化當先鋒」，據說在文革期間，進行清算鬥爭運動中，我家仍以相對富有戶被列入成分家庭（黑五類），遭到清算批鬥，所幸我父親平常為人謙和，心地善良，無惡行，無霸氣，凡事都以村民為重，村民有困難時，都會適時適量施予援助，而不計回饋，故每次在批鬥進行中，都是以無顯著惡行劣跡而順利過關。

2. 故土文風

在童年的印象中，我們村莊裡的居民千篇一律都是以農為業，男人們長年在田埂上辛勤耕作，女人們拖著三吋小腳在家裡掌理炊煮，縫紉等後勤支援任務，分工合作，共撐家計，倒也和樂自在，彷彿范成大詩篇中所述「晝出耘田夜績麻，村莊兒女各當家，童孫未識供耕織，也傍桑陰學種瓜」這樣一幅勤樸悠遊的農家景象，但是每

人都專心一意的肩負著份內的工作，期使全家人豐衣足食就感心滿意足了，其他的事都擱在一邊，漠不關心，特別是對讀書求知這件事，多不重視，以致形成讀書風氣不盛，雖也常見標榜著所謂的「耕讀傳家」招牌，表示說不只「耕」，也「讀」，但這只是極少數，絕大部分仍把「耕」視為唯一的重責大任，「讀」只不過是掛在嘴邊上虛晃一招而已，自古以來素有鼓勵大眾去求知，讀書的誘導辭彙和標語，諸如：「書中自有顏如玉，書中自有黃金屋」，「萬般皆下品，唯有讀書高」等等，以召喚眾人走入學堂，求知鑽研涵養自我，提高人民素質，進而更可求取功名。但是言者諄諄，聽者渺渺，效果鮮有彰顯，縱有少數聽進耳朵，不是「馬耳東風」，也是「鳳毛麟角」，寥若晨星。那個時代舊社會餘風未退，對百年樹人之事業推展乏力，沒有像現在這樣施行強迫教育。故對入學求知之趑趄不前，亦莫可奈何。原因是那個時候人民實在太窮了，加上保守心態，文風淡薄，而況讀書有成就，非一蹴可及，除了能耐十年寒窗苦之外，還得有財力才行，窮人是讀不起書的。常言「民以食為天」，總不能餓著肚子去上學吧！我們家鄉的土地普遍貧瘠，農產自然不豐，又無其他副產品輔佐，人民的生活極為困苦，鎮日只為覓食而奔忙，無暇進學堂讀書，倘若有少部分入學者，一般的想法都是說，鄉下人能認識幾個字會勾曆上賬就行了，無

太大的奢求，因此人民的文化水平一直偏低，就所知那
年代大多數人都是文盲。由於多數人不識字，我這個上
過所謂「洋學堂」的初一學生就成了寶貝，記得民國31年
（1942年）家鄉苦旱鬧蝗災時，大家都相信在田裡秧苗間
插上「姜太公在此諸神退位」的字條，蝗蟲就不來吃這裡
的秧苗了，很快的就離開了，這些字條滿地飄揚，由我親
手寫的不在少數，但是這些蝗蟲們好像也都是文盲，他們
統統視而不見，都沒有理會這些字條，照吃不誤。直到把
這裡的莊稼苗都吃光了，才又大搖大擺的另換一個田莊，
繼續的吃，秧苗被螞蚱這麼劈頭一吃之後，光禿禿的活像
炊帚，也像剛出土的竹筍一樣，可笑又可恨，因為莊稼苗
沒有了頭，就無法再生長，很快的就枯萎了，死了，結果
眾鄉親們飽嚐到了挨餓的苦頭兒。在這種情況之下，我幸
虧在洋學堂就讀，適巧碰上豫南軍區奉命對災區學校伸出
援手，賑濟各校學子每人一個月的口糧，因而減輕了我挨
餓的程度，實在也算是僥倖，蝗災發生這年，曾記得我
們這個村子裡，上小學的約有十多人，上初中的僅我一
人，上高中的沒有一個人，談大專以上的就別提了，全
部都是掛零。由此也可知在我故鄉這一帶，對上學求知接
受教育的思維普遍淡薄，難怪在那個年代，故鄉的文風會
不盛。

3. 故園追憶

　　遠在70年以前，我經常進出活動的院落和長年居住過的房舍，歷經幾度滄桑，如今已是煙消雲散，面目全非了。這個久經闊別的家園，在兩岸解凍開放後，能有機會重溫她的風采容顏，內心之喜悅無法言表。但令人極為失望的是，面對著老地方，已經看不到他原本的容貌了。影蹤全都不見了，可是他原始的面相輪廓還一直積存在我的腦海之中，並沒有因長期的疏離而消散，只是印象有點模糊罷了。我從小就在這裡土生土長，對他有著深厚的情感，不會輕易全盤忘掉，雖然年事老邁，腦力加速鈍化，凡事皆忘東忘西的，但是對這件事卻依然歷歷在目清晰的銘記在心頭。

　　我的老家園是一戶座南朝北的半兩進式的四合院（如示意圖），區分為上房和東西兩廂房；上房叫堂屋，為父母親所住，而西廂房叫西屋，分為兩間，靠近堂屋這一間為長兄居住，靠北這一間為磨坊，後來分配給我進住。東廂房叫東屋，也分為兩間，靠南邊這一間為灶火屋，靠北邊這一間為牲口屋，後來改配給三弟居住，出了天井，有一個寬敞的院子，由前進的二門分隔成兩部分，二門內的院子供孩童玩耍和曬東西之用，靠西邊有一個糞坑，通常供堆集垃圾之用，靠東邊有間增加的小屋，叫做小東屋，

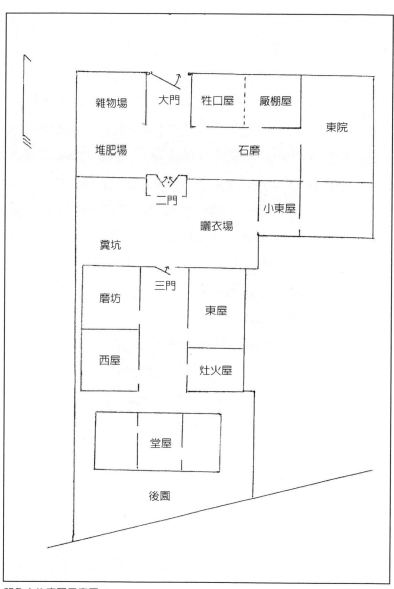

印象中的庭園示意圖

平常當作接待賓客親朋達人之處所。在那個年代流行抽大煙（鴉片），每逢知己賓朋來時，常以鴉片煙招待，就像現在客人來時沖泡茶水一樣，我對這一場景，還有一點記憶，抽吸鴉片時，兩人相對橫躺在床上，用洋火（火柴）點著大煙燈，用手指對著大煙燈搓捏鴉片泡，然後植入煙槍就抽起來，抽鴉片時噴出來的廢氣味四散，聞起來並不討厭，有人說聞多了這種氣體，可預防感冒，如果小孩子很不舒服時，常見嚼一口鴉片煙氣噴向小孩子的口腔，有時候也蠻管用的，病痛竟然就好了。奇怪吧！二門外這片院子，靠右邊有一棵白椿樹，樹下有一盤石磨，通常都由牲口拉磨，碾磨五穀雜糧及麥子磨成麵粉以供食用。左手邊是一片堆肥場，各種廢棄物及由二門內糞坑挖出來的穢物都堆集在這裡形成堆肥，以備農作施肥之需，右前方臨街這邊有一棟三間大廠棚，平時當雜物儲存室，有時候擺放幾口待沽的空棺材，在那個保守與舊思維的年代，有一不成文的風俗，凡家中有聲望且年長之人，在未死之前會預先訂製一口他本人滿意的棺材備用，這不是犯忌及詛咒，而是未雨綢繆，尤其對年長者言，並不忌諱，因為有了自己稱心的棺木，反倒是一種安慰，這些棺木多為待沽或代保管者，可是小孩子都怕鬼，晚上走到棺材邊就會有點怕怕的，家父體會到這一點之後，就很少製存棺木了。後來闢了一間做牲口屋，臨街靠左邊這一塊空地也是一片

雜物存放場,在廠棚與雜物存放場之間是我家通往院外的大門,大門外就是這村莊上東西向的大幹道。

我家所有的房屋都是草房,所謂草房,它的結構是牆壁用土塊砌成,也有用泥土夯成的,屋頂用麥秸幹兒覆蓋,為了冬季禦寒,四面牆壁僅在前面開有門窗,猶如窯洞一般。

我家堂屋後面有一片空地,通常我們都叫它為「後院」,後院也者,就是現在所謂的廁所,後院圍牆外是一道溝壑,在我們家鄉溝壑很多,我們村莊四週都有溝,這些溝都是天然形成的,除天雨排水外,一般都用作道路,平常牛車馬車等都在溝中行走,人們往來則走在溝緣上,這一條溝壑道路往東可通到縣城,往西可以通到禹州,當時算是縣與縣間的幹道,交通尚稱便利。

在後院裡有兩棵大樹,一棵是桐樹,另外一棵好像也是桐樹,每到夏天枝葉繁茂,樹蔭如蓋,可納涼。秋天一來,葉落滿地,可拿來燒火煮飯。靠東邊這棵桐樹周遭生長很多雜草和小樹,可遮蔽視線,旁邊放上兩塊磚就構成那時所謂的茅廁了。我家左右兩邊所住的人家都是同宗的鄰居,由於關係密切,平時相處都很融洽。

我家大門口外靠右方路邊有一棵榆樹,高約兩三丈,榆樹在我村子裡比比皆是,每到暮春夏初之交,清明寒食前後開花,顏色為淺綠略白,形狀為圓形,宛如古時的制

錢，我們都叫它為榆錢兒。榆錢可以吃，生吃熟吃皆可。
如拌和麵粉加上佐料，用蒸籠蒸過。香醇可口，味道奇
美，可惜的是1942年家鄉鬧了一次蝗災，榆樹受到池魚之
殃。從此以後吃榆錢兒的機會就少了。說到當年的蝗災，
實際之情況要從旱災談起；一般來講，我的家鄉田地之收
益是靠老天賞臉與否而定。本來天災（水旱）之發生是常
事，不足為奇。可是這一次旱災卻有些異於尋常。這一次
的久旱不雨範圍很廣，整個華北及中原地區，幾乎全面被
涵蓋，莊稼缺水，無法順利成長，只有依賴抽取地下水灌
溉，勉強維持成長，那曉得辛勤耕作的莊稼尚未成熟，突
然出現很多危害農作物的螞蚱，我家鄉有句俗話說：「旱
生螞蚱澇生魚」其意是每逢水災過後會有很多魚出現，而
旱災來時會生成很多螞蚱。可是這些螞蚱似乎並非全在本
地孳生，好像多由其他乾旱區飛來，螞蚱成群結隊飛來時
布滿整個天空，猶如日全蝕，昏天黑地，滿山遍野，莊稼
苗上、路上、房屋上、樹上全都是螞蚱，十分恐怖。而且
這些螞蚱千篇一律全都是成蟲大螞蚱，牠們吃農作物時喀
喀作響，驅之不去。不數日，五穀秧苗被它們吃的精光，
秧苗吃光了，它們不約而同地都又飛走了，留下來的是光
禿禿無頭的的秧苗，秧苗全枯死了，秋收掛零。農民們的
厄運來臨了。說來奇怪，螞蚱嗜吃五穀秧苗，諸如：高
樑、小米、玉米、綠豆、黃豆芽，唯獨不喜歡吃紅薯和紅

蘿蔔秧苗，原來紅薯和紅蘿蔔非美味也非美食，大家種植得並不多，只是在地頭空地上播種一些點綴點綴而已，豈知這一年種紅薯和紅蘿蔔多的人家倒有意想不到的福氣，延緩了餓肚皮之厄運。

由於作物受損，五穀欠收，這年冬天和接踵而來的春天嚴重缺糧，僅有的紅薯和紅蘿蔔有限，瞬即食光，人們缺乏可食之物，飢腸轆轆，無計可施，有云：狗急跳牆，人急智生。想盡辦法尋覓裹腹之物，於是把耕作所用之肥料餅吃了，穀糠也成了珍品，拉車用的牛皮繩也煮來吃了，再也找不到可吃的東西了，於是就朝樹皮打主意了，由於絕大多數的樹木皮是苦的，唯獨榆樹皮不太苦，可以當食物充飢，因之榆樹就倒了大楣，皮都被剝下來煮吃了。有的連樹枝、樹根也拿來磨碎吃了。這次蝗災造成的飢荒，可說相當慘烈。

海峽兩岸解凍開放後，多次返回家鄉，好像很少看到有榆樹的存在了。不久前，再次返鄉，無意中談到這件事，姪兒們思慮敏捷，體察入微，特地準備了一份炒榆錢兒，讓我既驚又喜，重溫到六十年前的家鄉美味，但是也勾引起那場蝗災所造成的苦難回憶，清晰的記得在那場災難中，有兩位本村上曾一起在私塾讀書的同學活活餓死的不幸悲劇。

滄海桑田，物換星移，面對著這久違的家園舊址，不勝唏噓，原來的建物全都煙消雲散，看不見了。庭園後面

的溝壑也不見了，全都被填平變作耕地了。道路也被廢除
了，我熟稔的四合院也已化為烏有，他的原貌恐怕再也不
會出現了，橫在眼前的是無盡的感傷，和沈痛的追憶。

4. 先父行述

　　家父諱振川公（1896.6.20～1974.9.28）生長於農耕世
家，侷限於當時環境，受教育有限，但是他天資聰敏，觀
念清新，頭腦靈活，心胸開闊，富人溺己溺，救困扶危之
精神，他平常言行中規中矩，具有大將之風，在地方上頗
富名望，村里鄉民間發生大小紛爭，只要他出面說一句
話，就可煙消雲散，天下太平，酷似我國少數民族的酋長
頭目一樣，甚獲大家夥兒的尊崇和器重，因而眾人都稱呼
他為善人，相應的他在村民心目中的地位無形中也提高了
許多，在我的瞭解中，他除辛勤的從事農作外，因其宅心
仁厚，親和力強，能夠和村民們打成一片，故一直被推舉
為這個村莊的領導人（村長，也叫保長）。鄉鎮公所推行
政令時，都透過這個保長來執行。保長是地方自治最基層
的小官，也是最不討好的公僕，官職雖低，大小是個官，
多少還是有點權力的，那就是可以仗勢欺壓百姓，當下有
句耐人尋味的俏皮話「欺負你跟欺負老百姓一樣」，這充
分說明了老百姓是可以隨便欺負的。但是家父不是這種

人，他不像一般的酷吏，橫行霸道。他從不肆意欺壓人民
百姓，而常常是為百姓解憂排困，時時為百姓著想，處處
袒護百姓，幫忙百姓，他親民愛民，不取巧，不貪財，完
全是無條件的付出奉獻，譬如村民有困難時，總會伸出援
手，想盡辦法予以解救，遇到前來周轉紓困的，除非實在
有困難，一般都會應允，有一次，一位瀕臨斷炊的村民來
借糧，家兄表示糧食存量已經不多了，家父遲疑了一下
說，咱家糧食不多了，總還有一點，而他家已經幾天沒生
火煮飯了，還是借給他一點吧！由此可見，家父是深具惻
隱之心的。在此值得一提的是這些前來融通的人從不背
信，原因是「有借有還再借不難」這句話在大家心目中已
建立起顛撲不破的基礎了，正因為家父心善，大家都更擁
戴他，說難聽一點也可以說是欺負他。俗話說「軟地好起
土」。這個保長的位子一幹再幹就是卸不下來。照理講，
這個基層地方官，雖然官位不大，總有一點權力，大家應
該是爭先恐後搶著去幹才對，你看台灣這個寶島，從村里
長到總統選舉，為求勝選，選戰之激烈，花招百出，不惜
抹黑對手相互攻訐，甚至連祖宗八代之內幕都翻了出來，
可說是不擇手段的爭著要幹的，可是當時那個村長寶座就
是沒人願意幹，更甭說是鬧的面紅耳赤爭相競選了，所以
家父被迫的一直擔任著這個保長，似乎無止境的在連選連
任，這不等於就是被欺負嗎？保長一職是上級機關和人民

之間的溝通橋樑。國父說「人生以服務為目的」下情上
轉，政令宣達都是服務工作，為民服務本是一件榮譽的
事，可是有些工作還是蠻棘手的，一般的工作，諸如派
工、納稅、徵糧等，雖然繁瑣辛苦，耐心去作，終會順利
完成，縱然在執行上難免也會遇到一些阻力，但也能千方
百計的挖空心思，設法解決的，可是碰到徵兵抽壯丁這件
事，就比較麻煩了，因為誰都不願意自告奮勇甘心上戰
場，所以每逢徵兵令到達時，常常困擾著家父，甚至寢食
難安，他總是自哎自嘆的悶著頭發愁，要糧要錢時湊不
夠，自己可以代墊，要人上前線拼命則幫不上忙，為尋求
解決之道，經常邀集村上客觀明理人士共同討論，由於不
能抗命，總得想法子完成任務，最後雖然無法做到盡善盡
美境地，讓每個村民都滿意，但因家父公正、合理與客觀
的任事態度，還是受到全村民眾的肯定和諒解的。

　　家父在外對公眾事務認真負責，理性問政，獲得廣大
村民之讚賞，在家庭中也算很溫和開通，對家人雖然不失
有些權威性，但是他不固執，不霸氣，對子女的教化，採
用誘導鼓勵的方式，不拘泥於刻板的高壓手段，而採民主
放任的作風，因勢誘導而不強制，尤其慈母亡故之後，他
以父母雙職之姿態對我們兄弟妹四人更加親切慈愛，他對
我們採用溫和式管教，也可以說都依循我們之意，很少過
份之斥責。記得有一次，我因偏食（吃生的白菜和生蔥，

而不吃煮熟的白菜和蔥）曾遭父親戲謔性之糾正外，再未受到其他嚴厲的責罰，不像我現在經常對兒孫多所挑剔和指責。也許是那個時候，我偏重嗜學好讀，受到父親另眼看待而特別鍾愛吧！因此之故，他的作法是這樣的：有意上進者，傾力相挺，無心上進者，除百般勸導外，不勉強也不苛責，家兄及舍弟對「子曰」「詩云」興趣薄弱，就順其意願從事傳統的農業耕作，我偏重求知，他就奮力相助，因為他深感知識學術之重要，衷心期盼有意向學的子嗣能盡可能多讀點書，不要都淪為文盲，他是否希望我有朝一日也能出類拔萃入朝為官，甚至入住黃金屋，擁抱顏如玉，到沒聽他說過，不過由他的節衣縮食和積極設法賺錢供我繳學費的舉措推測，再加上我年長以後的體認，我敢肯定那個時候，他確確實實是想讓我去多讀點書的。

　　民國32年（1943年）家鄉鬧旱災加上蝗蟲肆虐，五穀嚴重受損。糧食欠收，大家多以吃樹皮維生，而先父想盡辦法沒讓我在學校忍飢挨餓。民國35年（1946年）我考取國立十中，他內心之喜悅，不言而喻，就我所知，家父一生從未出過遠門，那年他一高興，竟然一個人背著小包袱，從和尚橋車站乘坐火車到三四百里以外的黃河北岸的新鄉校區，來探視我。當然也帶來錢財等物品，其實我返校時已帶有足夠的各種費用，俗話說：「人逢喜事精神爽」那個時候我們村子裡除了我以外，再也沒有其他上初

中以上學校的人了。我猜想，他認為自己的兒子能夠上高中是很感光榮的，而且還是國立高中，多跑一點路算不了什麼，就算是再辛苦，再浪費也是值得的。

以上是我的體認，這也是實情，家父對我的照拂和疼愛，無話可說，可是我這一生，涉足亂世，潦倒一生，深覺沒有滿意的表現，讓他老人家期望落空，至感愧疚與遺憾！

5. 慈母（1894.9.13～1936.1.23）之死

在模糊的記憶裡，大約六七歲時，我親愛的母親，突然之間在這個世界上消失了。

好像是剛過完農曆年不久的一個大清早，天色還沒有大亮，屋外灰濛濛的，是一個陰天，沒有下雪，但仍散發著一股嚴冬的寒意，堂屋裡床頭桌上那盞豆油燈，隨著寒氣的進逼，燈光不規則的在晃動，母親在床鋪上，不停的在翻滾嚎叫，我們幾個小孩子都被驚醒起了床，站在窄狹的屋子裡發愣，不知如何是好，這時先父在一旁焦急的手足無措，他看著痛苦的母親苦無計謀，又擔心我們幾個，遂把視線轉向我們說「蒸籠裡還有剩饃，你們先去拿來吃吧！」這時他可能嫌我們在家礙事，就叫我們到西邊鄰居家去玩，這個鄰居家住著一個慈祥和藹的老婦人，平常我

們都叫她為奶奶，她很喜歡小孩子，而我們也樂意到她家玩耍，因為她不但會陪我們玩遊戲，有時候，她還會講一些稀奇古怪而且不入流的小故事誆我們，逗得我們哈哈大笑。這一天我們在她家玩得正高興時，忽然聽到有人在呼叫我們趕快回家的聲音，當我們到家的時候，看到堂屋裡擠滿了人群，有左鄰右舍來的人，還有一些生面孔的人，他們你一言我一語的似乎在議論著什麼，父親眼眶泛紅看到我們都回來了，哽咽的對我們說：「你娘走了，他不要咱們啦！」聽到這突如其來的消息，如悶雷貫耳般震驚，我們砰然跪在母親的床邊痛哭起來，並大聲喊叫：「娘，你不要走，你不能走，你為什麼不要我們了呢？你忍心把我們丟下嗎？」父親平常對我們都很嚴厲，但這時候的態度和神情，卻異乎尋常，以極溫柔的語氣對我們說：「你們要哭就放聲去哭吧，但是千萬不要把眼淚滴到您娘身上。」當時我們都年幼，少不更事，無法理解事情的原委，只知母親年輕力壯，原本都好好的，為什麼會突然間閉目不動了呢？一團迷霧充斥，混然不解，一直到我們長大懂事以後才明白母親那時候是因難產而喪命的，因為那個年代醫療衛生條件很差，婦女分娩全是順應自然，與一般動物生產一樣，順產時皆大歡喜，但遇到特別狀況及難產時，都束手無策，助產士（接生婆）只是對自然順產者有相當程度之經驗，碰到難產情況時也是莫法度（台語：

沒辦法），不像現在醫藥發達，可以有緊急補救措施，必要時，採取剖腹生產，成功率很高，而那個年代，婦女生產猶如和死神搏鬥一般，勝負難料，所以一個小生命的誕生，往往威脅著另一個生命的存亡。一個新生命的平安降世是為母者搏命換來的，所以有人說，一個人的生日是「母難日」確有其道理，因此吾認為在慶賀生日這一天，不應一味瘋狂的歡唱「Happy Birthday to You」實應嚴肅的省思，以感念母恩才好。

我母親生長在小資產階級家庭，他和我父親結合是奉雙方父母之命撮合的，那個時代講求的是門當戶對，當事男女是沒有選擇餘地的，我外祖父是前清時的武秀才。年初二隨母親到外婆家走親戚時，曾見過放在堂屋裡那把大刀，就像關公那口青龍偃月刀一樣，很重很重的，據說外祖父就是能耍那把大刀而成為秀才的。而我家也屬於小康之戶，所以兩家就順理成章的結親了。

母親是我國鄉村常見的舊社會傳統女性，在她心目中只有三從四德，相夫教子，長年累月，庸庸碌碌，無怨無悔的操持家務，自覺心安理得，從不喊苦，自認生為女人就是為人做牛做馬的，自己勞碌一生，只有付出，沒有享過福。我國有句俗諺說：「有兒貧不久，無子富不長。」如今她兒女齊全，希望的美夢就在眼前，兒女長大就有福享了，但是她似乎是沒有這個福份，就這樣遽然的痛苦的

告別人世，她或許是受「多子多孫多幸福」的影響，只顧無節制的創造新生命，卻不幸失去了自己的生命。也難怪，那個時候沒有節育觀念，也沒有節制辦法，更缺乏現代的醫術，只有聽其自然，能生就生，直到不能生為止。誠女人之悲哀也！她之死對她來說是否無憾，沒法理解，但對我們來說，年幼失恃是可憐的、無辜的、不幸的。對父親來說，中年喪偶，頓失助手，必須肩負「父兼母職」的擔子，是沈重的、無奈的。本來夫妻兩人共治的家，一夕之間全落在他一個人身上了，怎不煩惱。那個年代，社會封閉落後，物資缺乏，不像現在，物流暢通，想要什麼隨手可得，沒那麼方便，尤其在農村裡，每家對吃穿都是自己烹煮，自己縫補，少有購買現成的，縱有現成品販售，也是城鎮市街上才有，鄉村裡極為稀少，所以父親為了照應好這個家，凡事必躬親，準備吃的，張羅穿的，還得力行耕作，兼理村務等等，忙翻了，也累慘了。

6. 繼母（1905.3.8～1979.12.19）軼事

　　慈母過世後，父親內外工作加重，不在話下，鄰居親友見狀，也紛伸援手，但終非長久之計，父親為了如何能卸下父兼母職這個問題，曾陷入進退維谷的泥淖之中，日夜苦思，難以抉擇，再找個伴兒來幫忙處理家務吧！擔心

這幾個小孩子是否能適應和接納。當時社會上正流傳著一句駭人聽聞的話：「蛇蠍後母心」生怕傷到小孩兒們的身心。不娶吧！這個家的擔子著實沈重，經過審慎長考與評估之後，決定採取續弦一途。約莫半年多之後，繼母來了，起初，我們對繼母是非常排斥的，但繼母倒十分親切和順，對我們幾個人百依百順，照顧的無微不至，真所謂之「如同己出」。她的心腸還算很好，不像傳說中的那樣狠毒，也許是表面上討好我們，那就不得而知了。不過在我主觀感受上還算不錯，因為就在那個時候，有這麼兩件事動搖了我對她的觀感，其一是我的左小腿迎面骨上不知什麼原因生了一個爛瘡，治了很久，就是治不好，那時候醫藥不發達，沒有現在的西醫，完全依賴郎中、密醫、巫醫之類的所謂赤腳醫生治療，能否治好病，全靠患者的運氣了，前後拖了一年多，沒有好轉跡象，根據當時流傳的里諺說；「隔年瘡難治」內心著實有點七上八下的不是滋味，但病已上身，也無可奈何，所幸此瘡不影響吃飯睡覺，只是碰觸時極為不適，小心點並無大礙。「久病亂投醫」那時只要有人提供療法，一概採納嘗試。有一天，在門限兒上坐著，繼母正在為我換膏藥時，突然出現一位乞丐老婦人趨前關切，問明症狀後提供了一個醫治方法，內情是：抓一把青豆放入口中咀嚼成糊狀塗敷於患部，乾涸後揭去再塗。一日五六次，慢慢就會痊癒，青豆能治病，

簡直是天方夜譚，但是嘗言道：「草藥能治大病，偏方氣死名醫」。繼母姑且聽信其言，力主一試。在我的家鄉青豆很普遍，也很多隨手可得，她不厭其煩的每天用青豆咀嚼塗抹，待乾後揭除，再塗抹，說也奇怪，經過一連串耐心敷抹之後，這個頑瘡竟然被控制住了，慢慢的好了。其一、我的小妹體弱多病，曾經過傳統中醫診治，當然也包括密醫、巫師、郎中等，前後求醫次數，不知凡幾，就是治不好，而且身體一天天消瘦，猶如風中殘燭，令人憐憫。有句俗諺說「瘡怕有名，病怕無名」意思是說，叫不出名字的瘡容易治，叫不出名字的病就不好治了。我腿上的瘡是什麼瘡，叫不出名字，雖然求治也拖了很久，但最後總算好了，係屬易治之瘡；舍妹之病，始終找不到病因，不知叫什麼病，應歸屬難治之病，就病情實況，以現在眼光來看，應該就算是癌症，如通過儀器檢查，結合臨床經驗，不難找出病因。可是那個年代，西醫不多且落後，只有企求巫師密醫，甚至求神問卜、求仙拜佛以尋求相助，在無可奈何下，只要風聞哪裡能治此病者，不管路途遠近，繼母就都會帶著她去求治應診，經過無數次的到處奔走，歷時多年。病情迄無起色，而且還有逐漸惡化的趨勢，以她弱不禁風的體質，畢竟抗拒不了病魔的糾纏，最後還是滿懷痛苦的撒手人間，悲哉痛哉！

　　舍妹罹病期間，繼母全心全意全天候的扶侍，深值推

崇與喝采，她是多麼希望小妹能在她照顧之下康復，又多麼企盼能在她監護之下保全小命，可是這一切都落空了，都失望了，她無條件的甘心情願照顧久病的非親生女兒，十分辛苦，可是她沒有半點怨言，可敬可佩這種表現，連街坊鄰居都為之感佩與讚賞。

由以上兩件實例，可以證明一點，繼母並非全都是狠毒的。

繼母心地善良，謙和虛懷，人緣又好，作風海派，只是有點過於迷信鬼神，這一點我較不予認同，但是以作為晚輩的身份，也不便干預。至於世界上倒底有沒有鬼神這件事，公說公有理，婆說婆有理，到目前為止，科學如此之發達，對鬼神之有無，迄未找到明確的答案，不過嘴裡說不信鬼神，有時候在巫師施展法術抓鬼的場合，塑造出一股陰森駭人的氣氛，不由主的也會感到有一些毛骨悚然的，而況小孩子一般來說都膽小怕鬼。繼母秉性不是很強，容易受到鬼神入侵，因此常遭鬼神附身，鬼魂附身時，酷似乩童，渾身發抖，神智渾沌，精力虛脫，胡言亂語，有時牢騷滿腹，抱怨聲連連。一般人對這種現象叫「中邪」，「著魔」。繼母經常中邪，但甦醒之後依如常人，對先前發生的事她說毫無所悉，而更奇特的是每次發作都是先母靈魂附身。因為不尋常，很奇特，每次都會驚動到左鄰右舍的人前來圍觀，弄得整個家裡不得安寧。原

本家父續絃是要她來幫忙照顧小孩和打理家務的，沒有料到他進入家門之後，三天兩頭的鬼魂附身，反而是更增加了一些意想不到的麻煩，百感交集的先父，看到這種場景，也莫可奈何，只有逆來順受，打落牙齒和血吞，有一天，繼母又發作了，仍舊是先母亡魂附身，她口中碎碎的唸著，說是老想念這個家，想回來看看孩子們，又說她所住的房子透風漏雨又沒錢修繕等，抱怨連連。先父這次好像心有成竹似的，循往例請來巫師驅邪，巫師施法時，繼母以亡母的神情、口吻和聲調說：「我回來看看我的孩子都不中（註：可以）嗎？你們總是不歡迎我，攆我走，中，我答應你們馬上離開這裡，但是你們把門關的緊緊的，叫我怎麼出去？」令人不解的是繼母從未見過先母，口中怎麼會出現先母的聲調？而且房門明明是敞開的，怎麼會說是關著門的呢。這時先父拉著我的手到一旁輕聲的說：「你去灶火屋把鍋台上那塊磚頭給拿開」我那時年少無知，不明表裡，只有聽從吩咐，等我再回到堂屋時，只見焚香燒紙的飛灰濃煙瀰漫房屋內外，大家夥都異口同聲的央求著說：「妳（指亡母）已經不在人世了，不能照顧孩子了，她（指繼母）把妳的孩子照應的這麼週到，不勞你操心，妳大可放心了，以後家裡會常常給你送錢的，妳就不要老是回來擾亂這個家了，快拿著錢走吧！」這時的氣氛令人髮指，霎時間，繼母恢復了平靜，不吵了，也不

鬧了，只是說：「好累，好累，讓我歇一歇吧！」事後探
詢父親表述說，在巫師來到之前，為了配合巫師關門捉鬼
之要求，父親先準備了一塊磚頭暗自放到灶王爺面前的鍋
台邊兒上，表示關門，據說灶神前面的鍋台就是陰曹地府
的大門，也是鬼魂出入必經之地。這麼一來，非同小可，
此後我連進出廚房也有幾分恐懼感，同時為了怕鬼，夜晚
常常不敢起來小便而發生尿床之糗事。這種情況到高中時
代，寒暑假在家期間，夜晚單獨一個人進廚房，特別是
鍋台前，還是很忌諱的，由此可知，一件裝神弄鬼之駭
人事件，對幼小心靈之影響是多麼的大啊！

　　不久前返鄉從鄰里村民口中得知，繼母在家鄉經常義
務給人看病，不收分文，純屬救人，有道是「瞎貓碰到死
老鼠」，也看好過不少大小病痛，小有名氣，據我離家之
前所知，她並不懂得醫療之術，是否因為以前帶舍妹求診
時從各方郎中那裡觀摩學到一點鳳毛麟角的知識，那就不
得而知了。不過她心地良善是無庸置疑的，她熱心助人，
常做善事的事實也是深值肯定的。

7. 戴耳墜的淵源

　　有一首打油詩是這麼寫的：「坐著光打盹，躺下睡不
著，新的記不住，舊的忘不了。」這是相聲名角兒魏甦先

生給老年人的即興素描；幽默、風趣、又玩味，讀來，精神振奮、心胸開闊，猶如醍醐灌頂，怡情快活，由於詩的內容淺顯通俗，且契合實情，更加發人深思；我是十足的老年人，看後很自然的就會激盪起些微波瀾。

　　應該算是八十多年以前吧，有這麼一椿微不足道的陳舊往事，依常理而論，絕大多數的人都不會記得它了，可是在我幼小的心坎裡，因為當時受到的衝擊比較深刻，所以至今仍潛存在腦海之中，究竟是啥子事呢？說起來，也不算是什麼大不了的事情；學齡到了，被送入私塾唸書那一天，當我走進教室時，先到校的同學們都以奇怪的眼神瞅著我。「或許」，我在猜想：「很有可能我是剛來的新生、新面孔的緣故吧！」、可是，旁邊有一個怪模怪樣的同學開口了：「喂！你耳朵上為什麼要戴耳墜呢？你該不會是個妮兒吧！」我忍不下這種近似羞辱性的說話，當時立刻回嗆：「你胡說！我是男生，不是女生！」在這個同時，我心想，既然不是女孩兒，為什麼要戴耳墜呢？在家裡從來就沒有聽父母親說過為何要給我戴上一個耳墜兒，也沒有聽到別的親人說過，由於不明真相和原因，理不直氣不壯，也無由辯駁，除感疑竇之外，實無言以對，只是感覺有點羞澀，難為情，如喪家之犬般，不知如何是好；此時的感受是無地自容，恨不得地上有個洞，一頭鑽下去，眼不見心不煩。其後一想，同學並沒有太大的錯處，因為女生戴

耳墜是正常的，男生不戴是正常的，可是我不應該戴而戴了，他們自然的就會產生直覺上的反應，不足為怪。

談到戴耳墜之事，在那個年代，一般人都很保守，不像當前的社會，千奇百怪的，為了趕時興，追求時髦，經常看到一些大男人也都弄個耳墜戴上，尤其不少的藝人以戴耳墜是榮耀，有的還把它戴在肚臍上，穿在鼻子上，舌尖上，形形色色的，以譁眾取寵為樂事，出盡鋒頭。以往男士很難見到這種景況，小孩子除特別情形外也不多見；至於小孩子戴耳環耳墜之事，據傳有一些說項；有的說，凡是嬌生慣養的小孩兒有的會戴耳墜；有的還語帶酸不溜溜的說，只有那些有錢人家才買得起金飾給自己的小孩戴著以炫耀財富；也有人說，小孩子戴耳墜是避邪的，是改變運氣的等等，以上這些說法會不會是吃飽飯沒事幹，在胡謅亂蓋，很難論斷，不過在窮鄉僻壤，見識淺薄，人云亦云，胡言亂語者不乏其人，說者「振振有詞」，聽者「我行我素」。很少會有人特以去管這些閒事的，這些「道聽途說」之言，會不會有些煽動性的作用，實在是很難講，但是也不致會發生太大影響的。

有一天，村莊西頭住著一個老奶奶，他喜歡嘮嘮叨叨，平常被稱作是見多識廣的人，和另外幾位叫作嬸嬸、婆婆、阿姨等等輩份的老婦人們聚在一起，東家長西家短的在胡言亂扯；言語之中，間或也涉及到小孩兒配戴耳墜

的事情；這下子倒引起我的注意和重視了。之後，在別的場合也風聞了一些相關的訊息和說詞等等，興之所至，心焉嚮往，姑且就朝這個方向探索，曾肆意「打破砂鍋問到底」的窮追一陣，終於得到了一丁點蛛絲馬跡，後經查考、研析，總結概情如下：

　　我的故居偏僻落後，由于年湮代遠，凡事受舊傳統風俗影響甚大，譬如正常的兒女婚嫁，不像現在的社會多半是自由戀愛相結合，那個時代都是由父母作主，兒女很少有自主權的，可是一般說來婚後生活都還算不錯，很少有現在離婚情況，縱有，也都是男方提出叫作「休妻」，女方很少會主動提出分手的，大多都是悶在心裡，也有真是無法容忍而走絕路的。所以婚姻悲劇還是時有發生。當然，家父並不例外，完全是奉父命從俗於公元1917年十七歲時成婚的。一般來說，十七八歲的小夫妻結婚之後，如雞生蛋般，很快就兒女成群了。可是家父婚後十好多年，膝下一直空虛，心情難免沮喪不安。此期間，懷胎受孕倒是有，但都是死胎，總是不成人。據說有好多次喜訊，而且曾有兩男一女問世，可是出生之後，頻頻夭折，令人感傷心寒，不已欷歔！眼看已超過「而立」之年了，尚無具體成效，俗話說：「不孝有三，無後為大」。「傳宗接代」的重責大任不彰，感到臉面無光，也曾屈身徇私，到處求神問卜，求爺告奶奶的祈求佳音，但是均如石沈大

海，杳如黃鶴。難免心灰意冷，意興闌珊。家父一向心地
善良，平素各方人緣非常好，是以，周遭的親朋好友，至
為關切，主動的前來獻策出點子者絡繹不絕，有的建議說
買些高貴補品，諸如強腎之類的御用聖品等等，先充實進
補，增加營養，以求強身固精；有的說添個二房也不致會
傷及感情吧！有的說尋求偏方或採用奇招；也有人說，不
妨找個代孕來壓壓陣等等。此時，家父正值青春壯年期，
精力充沛，無任何宿疾病症，不相信這些流言蜚語，但內
心之掙扎，信疑參半，猶豫不決，俗話說：「皇上不急太
監急」，在親信故舊衷心誠意的力勸之下，盛情難以推辭，
於是就「降心相從」。或許是天助，冥冥中有了轉捩點，公
元1924年，企盼中的長兄來臨了，家裡有了接棒人，繼承
有了傳人，雙親心平氣和的鬆了一口氣；十多年的積鬱緩
和下來了，長久的憂愁陰霾稍微消散了。家中充滿了生
氣，家父也算有後了，腰幹子也挺直了。可是，慾望永遠
不會滿足的，尤其在「多子多孫多幸福」的傳統觀念下，
母親是不會就此休兵的，她的企圖心旺盛，信心滿滿，果
不其然，「皇天不負苦心人」，1928年我降生了，添了新
生兒，全家大小當然是份外的高興，而且高興的不得了。
可是，俗語說：「一旦被蛇咬，三年怕草繩」。前車之鑑，
記憶猶新，雙親唯恐悲劇再度重演，以致膽顫心驚，惶惶不
安，百般無奈下，則將就里諺俗規，迅速到銀樓買了一只

耳墜給我強行戴上，說是戴著它就可擺脫死神的糾纏了，但是一直要戴到年滿十二歲才可以取下來，否則……。

另外，不知從什麼時候開始，在我國流傳著一種不成文的俗諺：「男左女右」、「左尊右卑」……等等。譬如以小孩戴耳墜為例來說，男孩要戴在左邊，（還有食、衣、住、行……等等類似者，在此不贅。）可是我的耳墜卻是戴在右耳上，是否當時家人心急慌亂，或者粗心大意，給弄反了邊，或者另有特別的原因和說辭，迄未查得原委根由。可是，當時夠格瞭解內情的人，如今皆已駕鶴西去，確實的來龍去脈，恐怕是已成了懸案，很難找得到真正答案了。

1929年三弟降生，1932年小妹落地，家中有了三男一女，堪稱幸福家庭了，可是老母認為職責未竟，仍要繼續衝刺，似乎不達「五男二女」之理想決不停止。（其實算上以前所生而夭折者已達超標準了）。1936年初春又要臨盆了，佳音在望，可是這次不是喜訊，而是晴天霹靂，遇到了煞星，結果是難產，母女雙亡，母親的如意算盤破碎了，她的美夢成了泡影，她的理想永遠也不能實現了。這是她一生最大的遺憾！當然家父在這種情形下，難逃巨變之無奈，為了收拾殘局，找了填房來相助，經過不少的日出日落，家務算是慢慢的平靜下來，一切也勉趨安定了。

既而，我要入學了，萬萬沒有想到會發生另外一場無

謂的風波；前面已約略提及：我走進私塾時，是戴著耳墜
的，同學們的視線多集中在我的耳朵上，頓時感到極不舒
服，意欲把它取下來，但為家父阻撓並鄭重警告說：「千
萬不可把它取下來啊！」所幸讀私塾的人不多，而且都是
同村莊上的人，心存惡意嘲笑者並不太多，很快就相安無
事了，看樣子不會再有麻煩發生了，可是後來轉學進入所
謂的「洋學堂」之後（縣立中岳店中心國民小學校）班上
的同學很多，他們見到我耳朵上掛了一支搖搖晃晃的耳
墜，感到很新鮮，就像剛進入私塾時一個模樣，大家對我
都投以異樣的眼光，還指指點點的，似乎在嘲笑，讓我感
到很尷尬，再度懇求雙親把它拿下來，仍然是以禁忌為由
婉拒；但是每日受著眾目睽睽之無形壓力不覺減緩，苦惱
難耐，為了自尊心，為了面子，為了消滅後患，唯有斧底
抽薪，大刀闊斧，才可斬草除根。心意已定，咬緊牙關，
也不管什麼禁忌不禁忌，逕自決定，就把耳墜給拉了下
來，我這種武斷蠻橫的表現，惹得雙親極為憤怒與傷心，
猶如火山將爆烏雲壓頂，氣氛非常緊張，勢將遭到嚴重的
責罰，陷入這種境地，坐立難安，心中七上八下的，怎麼
善後呢？已沒有主意了，雖然說面對同學的風波出了一口
氣，但構成雙親之惱怒是我戳出來的，一時氣盛想不開，
聚成莽撞的僵局，怎麼解呢？指月錄：「解鈴還需繫鈴
人」，應向雙親輸誠認錯，並申述不得不然的理由及蠻幹

的不當等，雙親想必會消氣的，如此一來他們百般無奈的
老淚縱橫，哽咽的說：「孩子，你真的長大了，也明白事
理了，不忍心再苛責你了，暫且就聽天命吧！好了，沒事
啦！你去睡吧！」在「網開三面」情況下，能享到「得天
獨厚」之福份，何其幸甚！可是，在內心深處，由衷的體
會到家父是真摯的「愛子心切」，才忍氣吞聲的施與寬
恕，不再追究，這到底是喜呢？是憂呢？對我來說，衝動
之事實已經鑄成，只有至感懊悔與慚愧了。

　　當我離開之後，隱隱約約的還聽到他們對這樁非常忌
諱的事件，仍然很在乎的自怨自艾的議論著說：「孩子年
幼，少不更事，也沒犯下甚麼大錯，可以原諒他，但是最
感擔憂的是，到目前為止，他還不到十二歲，怎麼辦呢？
耳墜本不該拿下，但已經拿了下來，唉！老天呀！悲劇該
不會再度……吧!?」

8. 舊婚俗瑣聞

　　在模糊的記憶裡，大約是在八、九十多年以前吧！那
個時候已經是改朝換代了。而且，正式進入現代化社會，也
有二三十年了。可是，在我的故鄉，除勒令改革「髮禁」及
「纏腳」稍有成效外，其餘似乎很少感受到有現代化的氣
息，大多數鄉民，仍過著原先那種農村生活，少有變更。

在表面上倡言，已進入新的現代化社會了，實際上，大多數人們仍沈浸在舊制時代的窠臼裡，到處呈現出來的，依然是保守、落後及泥古不化等等。如此雜沓的陳舊風氣，不勝枚舉。在此，暫不贅述，而僅將「耳濡目染」的男女婚嫁風俗，擇有記憶者，酌提一二，俾供諸先進、識者指正。

（1）教條婚姻

在咱鄉里間，男女之婚嫁多由父母作主辦理，子女從娘胎出世後，尚未成年時，為父母者，就開始策劃他們的婚姻大事了。或經由媒妁之言，或親自出馬，到處去物色合適的對象。在把酒言歡之後，雙方都滿意了，就算事成，另擇期舉行文定之約，他們就成了親家。本來婚嫁是子女個人的私領域，如今卻被大人們給攬了去，子女多不知情，直到婚齡將屆才被告知，太兒戲了吧！當然，父母主導全家，有絕對的權柄，但子女的婚配，關係著將來一生的幸福，硬逼一對素不相識的男女結合，未免太超過了吧！如此這般，與坊間常見之家畜禽獸施行人工交尾配種，以繁殖小仔仔之情況何異哉！

（2）門當戶對

男婚女嫁是人類延續生命之必然，也是子女美滿生活的肇端，但是媒介子女婚嫁時，往往偏離了軌道。首先去

計量對方的家庭背景，諸如社會地位、人緣聲望以及家產財富等等，對當事之主角倒一概忽視一旁。這樣的婚配，豈非十足的封建思維？也難怪當時坊間曾流傳著一句語帶嘲諷的俚諺在唱和：「龍配龍、鳳配鳳、虼蚤只能配臭蟲」，你瞧瞧，這些階級觀念有多麼濃厚啊！

（3）循序成婚

在多子多孫的年代，有些家庭裡子嗣成群，結婚時要依次辦理，也就是說老大沒結婚，老二不能僭越，為弟者縱有意中人急著結婚，也得暫時忍耐一下，等兄長結婚後才可辦理，這麼一來，如果是在珠胎暗結情況下，無法容忍謙讓時，這個問題就有點難解了。

（4）指腹為婚

子女婚嫁由父母擅權，已屬有些霸道，但是還有一件令人髮指的怪事哩！那就是兩個嬰兒在兩個孕婦肚子裡還沒出生，就由兩對要好的夫婦，私相授受的決定了他（她）們的終身大事，這豈不是更離譜了嗎？簡直是滑稽透頂。嗟呼！蓋天下之大，無奇不有啊！

（5）結婚年歲

在我國民法規定：「男子十七歲、女子十五歲始得訂

婚。又男子十八歲、女子十六歲始得結婚」，可是在我的故鄉，男子十七歲就要結婚了，這顯然與法相背，但這是祖先流傳下來的規矩，沒人輕易更改它，而且一直在盛行著，已成了習慣。雖有法條在，但行之有年的習俗，沒人去干預，也就都不管他什麼法不法的，依然我行我素。不過這也不是蓄意犯上，則是「尊祖為先」，而且地方上也有他氣魄的一面。據星象術士引卜辭推理，「男兒到十七，理當要娶妻，十七沒娶妻，要等二十一」。那個年代，一般鄉人多崇尚迷信，占卜論述：「十七到二十一之間沒有好日期，不宜婚配」大家為求個心安，男兒到了十七歲，除非有特殊原因，一般小康以上之家庭大都照往例年齡到了十七歲就開始辦結婚了。

以上是家鄉舊傳統的婚媾原則，由於多是拂意的結合，所以常會發生違和情況，甚至造成不幸的婚姻悲劇。但是，也有幸運者，常言道：「瞎貓也能碰到死老鼠」。因之，「宜室宜家」的美滿姻緣也多的是。所幸，時代迅速改變，類此婚姻已經漸趨沒落，現在普世皆倡自由婚姻制。自由結合，優點雖很多，但實際上，並非如想像中那麼美好無缺，因為是自由，則結合容易，分手也容易，婚姻亂象五花八門，耐人尋味。蓋人間事，是、非、曲、直、良、窳，實難定奪。宋蘇軾水調歌頭詞中有「……月有陰晴圓缺，人有悲歡離合，此事古難全……」之句。思

之，唯有仰天長嘆曰：「時耶！命耶！」夫復何言！

　　本人出生在新社會初期，成長在上述年代之中，故難逃命運的擺佈。用特，姑且把切身實情不吝陳述一番，以貽笑大方。

　　我家三兄弟的婚姻大事，絕大部分契合前述，長兄十七歲從父命順利完婚。本人十七歲時正值求學期，無意這麼早結婚，懇求家父准予學業完成後再結婚，但得到的回答是：「這是祖規，不能變更，而且你沒結婚，會影響你三弟」。我立刻回應說：「三弟屆時可照常結婚，我不會介意這些的」。家父很少對我動怒，這時他厲聲說：「長幼有序，也是祖訓，怎可違背呢！再說你婚後，仍可去繼續上學，不會耽誤你學習的。只要存心求知，絕不會有影響的，而且婚期早已訂定，已無法變動。乖兒啊，你真的要忍心為難老父嗎？」俗話說：「胳膊拗不過大腿」為了聽從父意，只有就範，但是內心裡實在不甘願，於是情緒極為不穩；鬱悶、煩躁、充斥胸膛。飯菜無味、心煩意亂，結果亂子出來了，脖子上生出一個大膿包，一般叫它為「疟腮」，腫脹的很厲害，而且還陣陣作痛，感覺著全身都不對勁，坐也不是、站也不是，感覺上，天就要塌下來了。繼母娘看到我這幅模樣，也焦急萬分，他隨後說：「你快去金庄找舅舅看一看，他是外科醫生，或許有點辦法，在疼痛難耐的情況下，也只有走一趟金庄了。」

　　到金庄後，舅舅看到我這幅狼狽相，他漫不經心的模樣，用手按了一按我膿脹的脖子說：「還不太熟」，我深知外科醫生的心態，為了緩和病患的緊張和恐懼感，常會裝模作樣的故弄玄虛，我一直提防著他會猛不防的來個奇襲。果不其然，被我猜中了，他一邊按壓患部，一邊問東問西的。剎那間，拿出了預藏的手術刀，猛力刺向我的下顎。這時，我本能的猛一甩頭，只聽到「叮咚」一聲，手術刀滑落到地上了，他萬萬沒想到赫赫名醫會失手，這時他並未自責，反而勃然大怒的對著我喝叱說：「已這麼大了，該懂事啦！病在你身上，你來找我治病，為什麼還要閃躲呢？算啦，不治啦！」他氣沖沖的離去了。這時我也感到十分尷尬，但因頸部太痛，也沒向他說聲抱歉的話，所幸他是我舅舅，我想他不會太計較吧！

　　確實，翌日早上，他就把我叫起來，我自知理虧，而且也無退路了，只有鼓起勇氣，拿出「關雲長刮骨療毒」的氣魄，任憑他隨意動刀吧！頓時，血流如注，噴灑了滿地，疼的我直發抖。那時的中醫動手術，是不用麻醉的，不是不用，而是那時根本沒有麻醉藥，疼得我眼淚直流，差點哭出聲來。這時舅舅還讚揚我勇敢，一邊安慰我，一邊細心的為我敷抹藥膏，妥善包紮後，他躊躇滿志的對我說：「回去靜靜休息幾天，就會好的，有事再來找我，應該不會有問題的」我強忍著疼信步返回家中，晚飯也沒

吃，就躺在床上，傷口疼痛，心情又亂，輾轉反轍，一夜都未平順的成眠。

　　第二天下午黃昏時分，就是我的結婚日子，但傷口疼痛，並未因喜事來臨而減緩，反而是更形加劇。吉時一到，忍著痛行祭拜天地之大禮。接下來就是引新郎、新娘，進入洞房，這時就開始鬧洞房了。照慣例，鬧洞房不分老幼輩份都可參加，一般來說多是平輩和晚輩者居多。前來鬧洞房的人群還真踴躍，一波一波的絡繹不絕，湧入窄小的新房內，擠得水洩不通，我因傷口很疼，感覺不到喜氣的滋味，所以，也就沒有和顏悅色的面孔去迎合這些鬧新房的各種怪花招。但心想，不管怎樣，這是大喜的日子，他們前來起哄亂鬧，都是來共襄盛舉，捧場面的，絕對不可繃著一副臭臉把場面氣氛給弄砸的，只有忍著疼痛，去虛應故事，敷衍塞責一番，把這場戲演下去才對。時間不停的前進，夜色也很快的濃厚了，可是鬧新房的人群並不見明顯的減少。後來，他們從我的痛苦表情上研判，我確切是病痛，不像是故意裝模作樣的，所以也就不忍心太過份的愚弄我了，也不再執意的、無止境的胡鬧下去了，於是乎，就開始紛紛離去，作鳥獸散了。

　　鬧洞房的人群散去後，就只剩下之前從未碰過面的這倆童男童女了，兩個不相識的陌生人，初次相見，難免有點羞答答的，在這寂靜安謐的小天地中。門是關著的，這

兩人的心都怦怦的跳動，都不知道該如何是好，這時寂靜
得可以聽到自己的心在跳動。驟然間，腦海裡蹦出了一
首「四大喜事」的詩文：「久旱逢甘霖、他鄉遇故知、
洞房花燭夜、金榜題名時」。嗨！這時不就是正在花燭夜
的洞房裡嗎？而且面對著嬌嫩、白晰、體態輕盈、婀娜多
姿的「二八」佳人，在這樣的情況下，不動慾念者，未之
有也。尤其在情竇初開及乾柴烈火下，必有「餓虎撲羊」
的瘋狂演出，可是偏在這時，腮脖子突現錐心的刺痛，就
像冷水澆頭懷抱冰般，把所有的激情和性慾之火全部澆熄
了。什麼新婚燕爾、雲雨巫山等等均如鴻毛之輕，反倒是
新嫁娘，興致勃勃的滿懷著希望，卻遭到莫名的掃興和委
屈，她恐怕連作夢也沒想到在美好的初婚夜裡，殷切企盼
的那一頂點小甜蜜，也未能如願淺嚐一下，只是默默的暗
陪著我，空守一夜，想必是失望極了！

　　三天之後，頸部傷口緩和了許多，滿可給新媳婦盡興
的補償一下吧！豈奈婚假告罄，就像是銀河兩岸的牛郎和
織女一樣，得苦候下一個週期了！

　　前面所述是我身歷其境的舊傳統婚媾概況，思之，幼
稚傷情又可笑，這點點滴滴的陳年往事，久經滄桑，時殊
風異，目前已成大眾人們茶餘飯後閒聊時的話柄了！

　　我這九十年共有正式婚姻兩次，惟都欠美滿。

六、求學過程

身處亂世求知苦，荊棘遍地來相阻。
負笈從師困阨多，狼煙蒙蔽為學路。

1. 啟蒙

幼年時，父親把我送到一個私塾裡念書。這所私塾座落在本村東南角盡頭處。它是一棟很普通的茅草房，也就是一般村民所居住的三間式房屋。據說這棟房屋是一個絕戶頭人家所有，屋主年老去世後遺留下來的宅子，有圍牆院子，相當不錯。因為屋主無子嗣，故沒有人承繼使用，長期荒廢在那裡，空蕩蕩，陰森森的成了鬼屋。天暗黑夜時，膽小的人都忌諱到那兒去，尤其是小孩兒們，都不敢去那邊玩耍，因為怕有鬼魂出現。村莊上多數熱心人士認為一棟優點很多的房舍，空在那裡不用太可惜了，經大家討論，集思廣益，以全村利益為先，作為公共休憩場所或作為興辦學校，以培育本村之人才，最後多數意見認為興學較佳，於是經清理粉飾後闢建為本村各家子弟們念書的

地方。特聘一位老學究擔任老師，負責教導子弟們念書。老師是有給職，資金來源由學子們家戶平攤支付。校名循例暫定為私塾，實際上就是學店。

　　滿清政權於公元1912年遜位後，自由民主的浪潮興起，新政府成立，國家體制重新佈局。將舊制度如婦女纏腳、男子禁髮、私塾、科舉等等一律廢除，改行新制。時值西風東漸，中央政府全面施行新政，以期邁向現代化。於是舉國上下各界，風行草偃。不論政、商、工、學、兵等等各階層一致響應。仿效歐美先進國家參依我國固有文化及中山先生之三民主義、建國大綱、建國方略等等，加速建設我們的新國家。在此僅就教育方面而論，廢除私塾改行新式教學。原沿襲下來的私塾、學店，在農村者改為鄉村小學，在鄉鎮市者改為縣立鄉鎮市中心國民小學，在縣市者改設縣立中學，在省市者改設專科、大學或研究所等等，以期迎頭趕上世界潮流，與全球各國併肩而立，和平競爭，立意至為正確，且合情合理，國人應大力支持，給予掌聲才是正途。但是幾千年的專制束縛，習慣成自然，而且一般人民墨守成規的性格根深蒂固，尤其是窮鄉僻壤的落後地區，對舊制教學仍存眷戀之意，因之，上級雖大力在推展新政，仍有些人心存猶豫，趑趄不前，以致「陽奉陰違」、「敷衍塞責」，總是感覺古書好。督學來了，馬上收起古書，攤開新教科書。督學一走，又把古書

拿了出來好像小孩子玩捉迷藏遊戲一樣。他們的想法，不知是在騙別人，或者是騙自己。這種現象，誠如台灣一位文學作家所說的：十足患有「斯德哥爾摩症候群」的毛病而不自知。

我就是在這種新舊制度混淆不清的鄉村小學（原私塾）讀過書的。

因此，對它頗有一些印象；表面上，他已經是改革後的鄉村小學，其實，仍舊是以教授古籍為圭臬，施教的情況是這樣的；學生到校後，由老師分別給學生點書後回到座位上朗誦，下午是習字時間。翌日早上由老師檢驗（背書），背會了再點下次要讀要背的書，以此類推。如果連續兩次背書沒過關，就要處罰，方式是申斥或打手板。我初進此校時，老師好像是我二大爺，他學問如何，肚子裡喝了多少墨水，我倒不太清楚。常言道：「蜀中無大將，廖化當先鋒」。那個年代，俺村上讀過書能認識幾個字的人不多，可以說大部分的人都是文盲。我二大爺比一般人多讀了幾年古書，大家就推舉他出來擔任這個學校的老師，平時他在俺村上人緣很好，是一個大好人，很仁慈又熱心，經常替人讀信寫回信，排解糾紛，並幫人解決疑難問題等等，但是當他坐到老師位置上以後，好像就變成另外一個人了，嚴肅的很哪！他對學生非常厲害，動輒打罵，毫不客氣。但是他並沒有惡意，而且完全是善意。

常言：「恨鐵不成鋼」，正是這個道理。他處罰學生是讓學生努力求知，加強學習。他的衷心期盼是希望他教過的學生都有出息都能出人頭地。甚至都能考中狀元，入朝為官，以光耀鄉里。我也曾被他處罰過，原因是他每次給我點的書，我都會背，他認為我有潛力，於是就加倍給我點書。份量突然一加多，負荷有點重，翌日背書時，難免吃螺絲釘。他認為我偷懶，沒有努力，就大聲責罵我一頓，並且狠狠又打了我兩個手板，當時感覺到手掌一陣痛又一陣麻，眼淚幾乎要流出來了。我們班上的同學，沒有不被他打過的。這種教學方式，是優是劣，公說公有理，婆說婆有理，沒有標準答案。但是他的立意是善良的，無庸置疑。

有云：「紙包不住火」，後來地方政府發現了這種填鴨式教學不可取，且遲滯改革，於是換了一位年輕老師，新來的老師不強迫教讀古書，也不硬性禁止，但是一概教授新頒發的課本。為了誘導學生提振精神上課和聽課，他在講堂上經常穿插一些輕鬆逗趣的迷你小笑話，講一點有趣的小故事，和日常的實用小常識等。因此，同學們對新來的這位老師很有好感。

我在這個鄉村小學所讀所學，起先偏重私塾領域，大多是需要背誦的書本，如：三字經、百家姓、千字文及論語等。後來著重新教材、新課本，內容方面較為口語化；

譬如：「去去去，去上學。來來來，來遊戲」等等，也有歌謠課本；「如：功課完畢太陽西，背著書包回家去，見了父母行個禮，父母對我笑嘻嘻」等等。除了讀書、背書、唱歌、遊戲之外，還有寫字課程。寫字用的是羊毛筆，每位學生都要準備一套寫字工具；包括毛筆、硯台、墨和紙張。為了方便省事，也有用墨盒的，寫字規定使用毛筆，其他如作文算數繪畫等等，也都使用毛筆。因為那個年代，一切都落後，沒有新穎的書寫工具，不像現在，社會較進步，有鋼筆、鉛筆、沾水筆、原子筆等等。那個時候很少，縱然有，也都是泊來品，數量有限不說，其價格極為昂貴，一般學子們是買不起的。

2. 小學

在農村小學總共上了大概有三、四年的時間，所教的有線裝書，也有革新後的課本。（當時都叫洋書）

公元1939年老師認為我們可以進入較高一階層的學校就讀了，經他甄選推薦了幾位合適的同學，轉入長葛縣立中岳店中心國民小學四年級就讀（這時起我就以李自德之名註冊入學）。我們總共有五位同學一道進入中岳店中心國小四年級。中岳店在俺村的正西方，約十來里地遠，我們五個人理念相若，想法一致，每天都結伴前往，一路上

有說有笑，有打有鬧，甚為愜意、逍遙，因之，也不覺得路遠和辛勞。可是中途上要穿越好幾個鄉村，比較有點小麻煩。這些村子裡常常有大小狗兒出沒，凡聽到有過往的人就出來騷擾一番，有時候一齊出來很多隻，牠們大聲對著我們吼叫，甚至進逼到我等面前作勢攻擊。因為我們人多不去挑逗牠們。用軟辦法，慢慢前行，不把牠們看得很重要，照走不誤。等我們走遠了，牠們也就掩旗熄鼓停止叫囂了。說來也蠻好玩的。但是，天有不測風雲，我們生長在鄉下，對這個中心國民小學的組織原先並不太清楚；縣立中心國小分兩階段；一到四年級為初小，五、六年級為高小；初小讀完不能無條件直升高小，需經過甄試。甄試時，他校的初小生也可來參試，形同另類招生，成績合格都可升五年級，否則留級。甄試結果我順利進入五年級，可是我們一起同行的同學們機運欠佳，再讀一年吧，臉上無光，結果均輟學不讀了，一齊都回家種莊稼去了；結果只剩下了我一個人。這下麻煩來了，以前去學校我們一起有五個人，成群結隊，人多勢眾，聲勢浩大，什麼也不怕。但是現在只有我一個人，單槍匹馬前往，經過那幾個村莊時，倍感形單影隻；尤其是遇到那些窮凶餓極的狗群，就會戰戰兢兢的提心吊膽。還好，這一天沒有狗兒出現，我非常順利快速的通過了那幾個村莊，心中感到格外的高興；俗話說：「好事不成雙」。的確，翌日早上，剛

剛走進農村時，突然間跑出來一隻大黃狗，看到只有我一個人，就朝向我飛奔過來，好像非狠狠咬我一口不甘罷休的模樣。我曾聽人說過一個秘訣，凡遇到狗來攻擊時，千萬不要跑，因為你越跑牠就越追，最好是蹲下來不動，我就如法泡製，略為緩和了緊繃的情勢，為了應付突發狀況，我除作隨機應變準備外，一直用眼瞪著牠，牠也可能隨時防備我會還擊，牠並沒有向前進攻，這時我想村上的人看到我窘迫的處境，定會出面解個圍放我一馬的，結果沒有一個人出來。無奈之下，只有自求多福，聽天由命了。我堅持在那裡，一動也不動，就像拳擊賽這是比耐力的時候，過了一會兒，牠忽然站起來，嚇了我一大跳！牠只是伸了一伸懶腰，打了一個哈欠，又趴在地上，閉上了眼，無精打采的好像要睡的模樣。這時牠似乎失去鬥智了，我把握瞬間的契機，小心翼翼的試著站起來躡手躡腳的緩慢通過了農村，沒被那隻狗發現，甚感萬幸的算是鬆了一口氣。從此以後，我每天去上學，寧可多走一點路，繞過那幾個農村，也不甘冒險和那些不理性的畜牲打交道了。

　　五年級這一年，依然以繞路當運動的方式上學，心雖不甘，但也沒有其他妙方。有云：「人在屋簷下不得不低頭」，因此，每天上學必須提早起床出門，所幸那時年少，體力充沛，多走點路無傷大雅，如此這般，自認圓滿

得體，但仍難免不被同學們嘲諷是十足的阿Q精神才怪。不管怎樣，漫長的一年總算是順利的過去了，不已踟躕滿志。這個學期已結束，暑假後就要升六年級了，六年級是本校最高年級。想到這兒，難掩「趾高氣揚」之振奮。在胡思亂想之餘，下意識的路過校本部，見一群同學們在布告欄前面圍觀。好奇心的驅使，前往一窺究竟，原來是一張剛貼上的招生廣告；「許昌縣立天寶初級中學招收初一新生」，報考資格：高小畢業或具同等學力者。看過之後，油然心動，暗想，：「進考場試試運氣，得個經驗也好啊！」於是乎就鼓足了勇氣，決定報名，前往應試。

天寶中學正式招考這天，正值炎暑，熱氣四溢，所幸大片烏雲帶來了一場及時大雨，涼爽了許多。對考生來說，不僅驅除了些暑氣，也是一個好兆頭。俗話說：「久旱逢甘雨，金榜題名時」。這或許是上蒼的巧妙安排吧！

考試完畢，監考老師面露微笑的說：「同學們，辛苦了，祝大家高中榜首，假期愉快！」

放榜這天，我起了一個大早，依然單槍匹馬，安步當車，趕到天寶中學去看榜，前去看榜的人還真不少，一層一層的人牆把榜示牌團團圍住，後來的人被擋住了視線，簡直無法看得到。我也是專程來看榜的，不管如何一定要設法看個明白呀！於是跟著人群之蠕動，慢慢向前挪移，弄得渾身冒汗。終於擠到榜前了。好哇！上面有我的名

字，一點都沒錯。這時，我興奮的心臟幾乎要跳出來了，實在太高興了。因為我小學並沒畢業，我是跳級以同等學力報名的，竟然考上了，能不高興嗎？再者，已考上了初中，那小學六年級再高也不用去上了，同時也不必早起晚歸的來回奔波了，心情確實舒暢！三者，今後不經由那條路徑去上小學了，所以不會有狗擋道的煩惱了，可說是如釋千斤重負，快樂逍遙。綜合以上這麼多稱心如意的事情，能說不算是喜氣臨門的「小確幸」嗎？

　　首次贏得勝算，凱旋而歸，不苟言笑的老爹聞聽有好訊息，臉上立現悅色，頻頻點頭聲聲讚，這充份意味著他對我專心向學的表現，感到相當的滿意。

3. 中學

　　暑假過後，要開學了，我懷著歡欣鼓舞的心情前往天寶中學，辦完註冊和報到之後，就算是名符其實的初中一年級學生了。

　　新學校地點設在石固鎮西南邊的天寶宮裡面。從我家到石固鎮約有二十多里路，相較於我原來在中岳店上小學時的路程要遠得很多，所以無法每天步行去上學已成定局，怎麼辦呢？「吉人自有天相」，這所學校有個一貫的規定：「本校學生不論離家遠近，一律要住校，只有週六

和例假才准外宿」。如此一來，問題解決了，但入學時必須要攜帶住宿的寢具和足夠的日常用品等等。家父體會到我的體力，不可能背得動那麼多的行裝，他特地準備了一輛牛車，將繁重的行李和我一齊放上牛車，親自趕著牛車把我送到學校。

我們這一班同學都是新招考進來的，人數多又足額。學校把我們調配到學校最後面那棟大型的寢室裡面住。那裡面安置了一排普通的土炕床，供學生打通鋪用，炕上鋪了一層麥秸，在上面是一張接一張的大草蓆。每人分配的鋪位只有六十公分寬，同學們並排躺在那上面睡覺，就像擠沙丁魚一般。這是我生平第一次離開家睡在學校的宿舍裡，這也是我第一次睡土炕床。父親生怕我不能適應，不習慣。可是我們這群學生，雖然來自四面八方，但年紀大小都相差不了多少。俗話說：「物以類聚」，我們大家的想法一樣，趣味相投，且生活在一起，學習在一起，玩耍也在一起，不會感到拘束的，反倒是覺得很融洽，很愜意的。

學校在飲食方面設有伙食團，也備有茶爐，全天候免費供應熱開水，學生們可以任意選擇搭伙或自行打點。我選擇的是飲食自理，每週六課畢後就可回家省親，順便去拿下個星期的食品。第二天是週日，家人一大早就忙著為我準備返校後吃的東西。這時，母親和大嫂就開始動

起來，和麵的和麵、擀麵的擀麵、烙薄饃、烙油饃、做炒麵等等。我實在不忍看到她們為我這麼忙碌，這麼辛苦。所以，我也偶而會去廚房幫忙燒鏊子、翻饃，她們還誇我能幹。等到下午饃涼了，再一份一份的把油饃包在薄饃裡捲起來，總共是十八捲，然後放進我慣用的小包袱裡，背到學校去。我們通常叫它為乾糧，每餐吃一捲，吃時佐以開水，或用熱開水泡著吃，同時並沖泡一杯炒麵茶喝，也可把乾饃泡到沖泡好的炒麵茶裡面，連吃帶喝，味道還真不錯。可是乾糧烙饃放久了容易發霉，一發霉味道就變怪了。每到週末最後一兩天就會有生霉的現象，雖然有一點怪味，但是不礙事，照吃不誤。如果想另外調適一下口感，特別享受一番，很簡單，校門口有很多各式各樣的攤販，可以到那裡買一碗綠豆丸子湯，把乾饃泡到裡面吃，味道份外好不說，也吃不出霉味了。不但這樣，據有經驗的同學說，買丸子湯吃時，只要碗裡丸子沒吃完，再去加湯不另收費，不亦快哉！

　　天寶中學算是我的母校，可是我對她的來歷背景不甚明瞭，如被問到天寶中學為什麼會設在天寶宮裡面上課呢？說實在的，十分汗顏，簡直無言以對，後來經多方探詢，大略找到一點蛛絲馬跡。1912年滿清退位，民國成立，廢舊立新，全面改革，就教育方面說，廢除舊學制，取法歐美教學方式，期以迎頭趕上西方，首要的做法就是

全國各地普設洋學堂，但是驟然的改革，快速的更新，校舍方面，嚴重缺乏，有云：「巧婦無米難為炊」。躁進之下，改革腳步就受到延宕。但是，政策既定，不能中止，必須克服萬難，戮力完成建國大業，層峰智囊團中不乏熱心積極份子。他們覺察到國內遍佈大小的寺廟宮舍，閒置在那，蠻可加以利用的，於是不分青紅皂白的，就把寺廟裡的神祇塑像予以拆除，空出來的寺廟房舍移作興學之用。如此一來，很多寺廟就變成了學校。天寶中學是否也是這樣產生的呢？可信度大增。果如是，宛如台灣那句地方諺語：「乞丐趕廟公」，再恰當不過了。如此這般說來，我的母校不是也背負著霸道之惡名了嗎？但事實擺在眼前，昭然若揭。且看，天寶中學校區內，不論校長室、教務處、訓導處、教室寢室、……等等，哪一間房舍不是天寶宮內神像所居住過的建築物？由此觀之，以上之傳言並非無的放矢，不過天寶宮並未全被天寶中學佔據，還留了一部份房舍給天寶宮內之信眾和道士作避風雨之用。宮內住持為顧全大局，倒是很寬宏大量，並無怨言，而且屈就在一隅，照常修道練功，與學校間和平相處，安然無事，可是他們內心深處作何感想，那就不得而知了。

　　天寶中學每天的作息概況，略異於其他同等學校，他有點像軍事學校的入伍教育，很規律。早上六時起床，梳洗私事完畢，就去參加升旗，然後上早操，接著

是早自習，早餐，上午八時上課，十二時午餐，午睡，下午二時上課，七時晚餐，八時晚自習，十時就寢。學校所教的課程有：國文、英文、數學、理化、史地、生物、美術、音樂、勞作、童子軍及武術等。體育及童子軍術科在操場上課，武術課在道士院區施教，武術課老師全部都是聘請宮內之道士擔任，我在本校修習一年多，所學的武藝，較出色者有「小紅拳」及「青龍出海」，不過離開學校後，就沒再練習了，至今已荒廢了七十多年，幾乎完全還給道士了，也可說全部忘光了。

許昌有兩個縣中，一個在縣城之內，一個在縣境西北邊陲的天寶宮內。地點雖稍偏僻點，但校風很好，知名度也佳，原因是學校師資優，學生素質好，於是就成了各地學子嚮往的標的。因之，每逢招生，前來報考的人數多如「過江之鯽」。如此以來，經過篩選，同學的素質就越發高了，同時學校就更出名了。

那個年代沒有電，夜晚照明都靠油燈，每位同學都要自備一盞豆油燈，以便夜晚照明和看書寫字之用。油燈的樣式是半圓筒形，背面是平的，上面有把手以便提攜，可以放在書桌上也可以掛在牆上，因之，我們都稱呼它叫「牆爬燈」。晚自習時提到教室放在個人書桌上，下自習時攜回寢室掛在牆上。十時就寢熄燈，宿舍內不准再有燈光，否則處罰。但有些同學為了複習功課，便偷偷提著

墙爬燈到教室去看書，補習作業，目的是多溫習一遍功課，以便爭取更好的成績。因此，同學們在課業上競爭得很厲害，正因為如此，才造成了優良的讀書風氣。

每週六膳食自理的同學都要回家取食物，我回家時必經石固鎮。石固鎮是南北相對，大小相同的一雙孿生寨，奇怪的是，人類雙胞胎的父母相同，但這對雙胞胎寨則否，因為石固南寨屬許昌管，石固北寨屬長葛管，為何會這樣呢，令人費解，不過現在完全劃歸長葛管轄了。這兩個寨周圍有護城河，由於這個地區乾旱時間多，護城河徒具虛名。一年之中絕大多數沒有水，兩寨之間的護城河所佔土地合起來就像一個大廣場。每逢週末例假日，就有很多攤販集結在這裡，有賣吃的，有賣用的，有賣玩的，有賣服飾藝品的，也有賣農具及農產品的，可說是琳瑯滿目，應有盡有，簡直就成了南北雜貨集散地了。而且還有很多賣藝的也都趕來湊熱鬧，有說書的、唱大鼓的、說相聲的、變戲法的、套圈圈的、也有玩三色牌的、……等等，五花八門，千奇百怪，非常的熱鬧，就像北京的天橋，鄭州的老坟崗兒一樣。總而言之，吃、喝、玩、樂、樣樣俱全，吸引了四面八方前來觀看的人潮。由於這個場地寬敞，陳列的物品繁多，確是購物及遊玩散心的好地方。凡經過這裡的人們，情不自禁的就會停下腳步到處瀏覽一番。我是急著趕路回家的，無暇久留，只有走馬看花

的胡亂掃描一下而已。

　　我到天寶中學忽地快兩年了，自覺所學還算差強人意，也曾與班上成績優秀的同學相互角逐過高下，雖未奪標，但無形中促使我之所學扎實了許多，也算有了實質收穫，尚感心安。

（1）天災人禍

　　1942年我剛升初二這年秋天，家鄉苦旱，接著又是螞蚱入侵，田地裡農作物幾遭全毀，鄉民生計受到嚴重打擊，接著隆冬逼近，在青黃不接的情況下，飢寒交迫，因無可食之物而喪命者時有所聞。那時，我在學校意外獲得豫南軍區一個月的小麥濟助而倖免大難。家鄉經過連續的災難，好不容易熬到春天，理應有一點新希望，可是俗話說：「福無雙至，禍不單行」。1943年春天，日軍趁人之危突然越過新黃河，整個中原地區完全淪陷了，學校被迫解散，老師及年長同學多紛紛逃奔到西南大後方，我因年紀較輕返里助父兄耕作，暫過田園生活。此時日軍橫行霸道，燒殺擄掠，無惡不做，逼得經常躲避日本兵前來騷擾。更不可思議的，這時皇協軍以安民為名，苟合日軍欺壓百姓，魚肉鄉民，強姦婦女，橫征暴歛，人民簡直苦不堪言。日軍在佔領區整修鐵路，皆就地取材，就地征工，見到可用之物逕行取用並不徵詢。這時看中了我家位於田

堂寨東門裡避難所門前那棵名震遐邇的大楊樹了。這棵大
楊樹高三、四丈，樹齡約兩百多年，樹幹很粗大，四、五
個人手牽手都抱不住它。方圓幾十里的地方上人士，都視
他為神樹，因為它曾施藥治好過很多人的病。環繞在樹幹
周圍，掛滿了感謝治癒病症之紅布匾額，層層疊疊上上下
下，不計其數。平日來此燒香磕頭求藥的人源源不絕，由
此足證它的靈驗了。可是日軍無法無天，不管三七二十一
的就把那棵大楊樹給砍倒了，耗時十多天，鋸成了五十多
根枕木拿去墊鐵軌了。週遭遠近信眾不捨神樹被砍掉，大
多數人都傷心落淚，惋惜不已！家父失去了祖傳的大樹，
更是錐心泣血，痛不欲生，怎奈惡魔當道，只有忍氣吞
聲了！

　　日軍在修築鐵路期間，多由皇協軍成立的維持會發號
施令向各地方征工，由地方村里幹部每日依所需攤派青壯
村民，按時前去做勞工，多半是推土、挑石子、抬枕木等
粗重工作，我也曾「助紂為虐」的去做過不少次苦工。

　　我休學在家做農活這段期間，除躲日軍及幫日軍做苦
工外，也學會了很多耕種的事；譬如鋤地、耙地、犁地、
搖耬種麥、種紅薯、絞轆轤、拔水澆地等等我都會，而且
很熟練，一點也不輸給我老爹，絕非吹牛，這應該也算是
我從事農作的一點田園樂趣吧！還有，在閒暇時，夥同村
子上年紀相當、個性相投的小伙子們，一齊背著竹籃兒、

拿著鐮刀，到東地去割青草，扛回家來給牛加菜吃，我家老牛看到了嫩青草要比乾麥秸好吃得多了，所以，一直喘著氣猛點頭表示謝意，這不又是一種另類的樂趣嗎？

　　1944年日軍持續向南蔓延，我縣成了他們的大後方了，所以長葛縣中允許復課，原有學生陸續返校上課。1945年初夏，縣中復課將近一年多了，一切尚平順，村上鄉親們對我似乎分外關心，都誠心勸我說：「世局概如斯矣！你不能一直待在田地裡工作，耽誤了自身的前途吧！縣中恢復上課已這麼久了，你可前往實際瞭解一下，能否轉學續讀，不能這樣虛度光陰呀！」。我曾讀過法國都德寫的「最後一課」，感觸良多，我想在日軍統治下，學校上課必是奴化教育，不宜前往，但鄉親們的盛情，連老爹也動心了。那麼基於鄉親的盛情且為了不荒廢學業，先去瞭解一下實況再作取捨。於是擇日前去打聽它的教學內容：以日文為主課，授課時數最多；英文大幅減少；其他課程變動幅度勉可接受。家父斟酌後，認為鄉親的看法全屬善意，值得考慮。遂於五月底，轉入初二下，以銜接在天寶中學之課程續讀。我是新來的插班生，暫被安排坐在教室後面的課桌上，因為日文是主課，每日必有日文課，教日文的老師對學生要求很苛，也很兇。上課多採對答方式，如應答失當，就甩耳光，甚至用腳踢，一點也不通融。我是剛到不久的新生，被指定先背誦52個日文字母，

我想這時老師不致會問我吧！可是，我看到老師對學生掌打腳踹的場景時，直接的反應是心驚肉跳，至感恐懼，這時我深深體會到亡國奴不能當，曾萌打退堂鼓的念頭。當時，我對日文字母還沒有完全背熟，將來輪到我上會話課時，不知會是什麼樣的情況，心中忐忑不安極了。還好，暑假快到了，我真希望馬上就放暑假，至少在暑假期間不會看到日文老師那副猙獰的面孔吧！

（2）日本投降

　　民國34（1945），暑假接近尾聲，還沒結束，大約是8月10日這天吧，聽到有人大聲傳播：「號外，號外，驚天動地的大消息；日本投降了！」我乍聽之下，感到有點愕然，日本軍國主義者，打著大東亞共榮圈的旗幟大肆侵略亞洲各國，諸如，中、韓、越、寮國、高棉、泰國、緬甸、印尼、菲律賓、馬來西亞……等等。聲勢浩大，所向披靡，為何會突然棄械投降呢？令人確實費解，但消息頻傳，不信也難。經過多方探討，肇因是日本野心太大，一時躁進，惹出大禍，已蠶食了廣大的亞洲還不知足，難道要吞併全世界？竟然敢在「老虎頭上拍蒼蠅」，趁美軍休假不備之下，前去偷襲珍珠港，大大重創了美軍太平洋重要基地。美、英未受軸心國之威脅，本不欲參戰，但這一下子，激怒了美國，立即採取報復行動，把新研發剛

成功的原子彈拿出來作試驗，接連於8月6日及8月9日向日
本廣島及長崎兩地各投擲了一枚原子彈，使得長崎市立刻
化為灰燼，廣島、長崎兩處居民死亡不計其數。日本天皇
面對此狀，意識到美軍如再繼續投彈，日本國力就毀滅殆
盡了，為保全實力以求東山再起，目前先放下武器投降為
上策，於是中、英、美、蘇、法五個參戰國成了戰勝國，
共同裁處日、義、德三個軸心戰敗國。而且中、英、美、
蘇、法五國為倡導世界和平於1945.10.24在美國紐約共商
成立國際組織（聯合國），以仲裁國際間之糾紛，並議定
中、英、美、蘇、法五國為常任理事國，我國一向被譏為
東亞病夫，而今突然躍升為世界五強之一，終於可以揚眉
吐氣了。

　　對日八年苦戰，終於得到最後的勝利，舉國上下無不
歡欣鼓舞，被迫在日軍卵翼下的奴化學校也立即結束，政
府特以派遣新的校長和老師前來接管，並經過甄試，重新
編班，以延續未竟的學業，我依甄試成績進入初中三年
級。翌年，1946年6月在縣中求學告了一段落，畢業了，
隨著驪歌的樂聲，依依不捨的走向另一段里程碑。

（3）驚險跳車記

　　暑假一開始，各級學校都忙著招生，那時沒有聯招，
各校都是自行招生，考試日期先後不一，各校考試日期不

乏有相互撞期之情況，所以，無法每個學校都能去考。我的腹案，只選了兩個較近的學校考試，一是許昌四高，二是開封一高。但是四高最後一堂課考完後必須趕回家求援，可是北上的火車只剩下一班，而且是快車，和尚橋車站不停。如此一來，回家受到阻礙，明天就無法去開封了，但是必須要去開封。心意已決，情急智生，先上車再說，我上車時就決定模仿火車上的小販在和尚橋到站前速度放慢時跳車。小販是為逃票而跳車，經驗豐富，每次跳車都是成功的。我是趕時間的，依樣畫葫蘆，堅信他能跳我也能跳，結果失敗了。那班火車是輕便快車，底盤低，我跳下去時被火車廂帶動的強風把我吹得翻滾了好多圈才停住。，火車過去後，我的一條腿連腳就緊靠在鐵軌邊上，好險！好險！差一點腿就被輾斷了。定神後，感覺到全身從頭到腳處處都是疼的，尤其是右腿疼的讓我哭笑不得，四周圍觀的人很多；有人關懷我，有人憐憫我，也有人絲毫不留情面的大聲責怪我：「膽子真夠大，竟敢跳車，不要命了！」這時，我羞愧的無地自容，頗為尷尬！所幸逃過了一劫，還算是大幸。隨後慢慢站了起來，勉強走回家去，沒有照實告訴家人，怕他們擔心，我在擦傷處塗了點口水就去睡了，休息很重要，因為明天要到開封考試。翌日一早就帶著盤纏趕到和尚橋搭車到開封，參加一高考試。由於路上不是很順利，難免考試心情會受到一些

影響。暗想，人倒楣時，一事不順，事事不順，結果應驗
了兩所高中都落空了，眼下只有私立力行高中了，難道命
中註定無緣上公立高中了？「山窮水盡疑無路，柳暗花明
又一村」，天無絕人之路，忽然，傳來一個訊息，「國立
十中高中部在新鄉招生」，良機不可失，立刻搭乘汴新鐵
路的火車，自開封直達新鄉，考試結果還算差強人意，終
於順利金榜題名，興奮之情溢於言表。國立十中是日本投
降後，從中國大後方復原回來的學校，校址在新鄉原日軍
營區之內，校內學生盼了好多年才得以回鄉，心情格外高
興，大夥一同唱著「還鄉行」凱旋歌，「還鄉行」這首歌，
詞曲雋永感人，充滿著詩情畫意和希望！僅摘錄如下：

> 「好音從天降，欣喜若狂！
> 嘗盡了流離滋味，準備還故鄉！
> 多年闊別，故鄉該無恙！
> 那小橋流水，那江南草長，
> 那庭院的綠蔭，那田舍的風光，
> 那藹然的父老，那慈祥的高堂。
> 我曾苦憶了千遍萬遍，我曾苦憶了千遍萬遍，
> 如今該見面了，
> 怎不欣喜若狂，怎不欣喜若狂！
> 捲詩書整行裝，上征途意氣揚，

江柳似箭，關山退兩旁，

怎奈我歸心更急，恨不得插翅飛翔！

捲詩書整行裝，上征途意氣揚，

江柳似箭，關山退兩旁，

怎奈我歸心更急，恨不得插翅飛翔！

請看！

重整家園，天倫共聚一堂！

重建新中國，共樂安康！」

聽完「還鄉行」歌曲之後，心內也泛起了一陣勝利的共鳴，但在歡欣興奮之餘，也不能忘記從許昌回家途中那一幕驚險之跳火車特技鏡頭，幸有上天保佑，否則，後果難以想像。

35年9月初（1946），我扛著行李去到新鄉國立十中高中部辦理報到註冊。學校地址在新鄉西關，是日軍遺留下來的營區，它的建築模式，四周是房舍，中間是一個大操場。而今作為學校使用，還算合宜。教室內課桌椅都是剛置備的新品，只是學生宿舍較為儉樸，一律打地鋪，每人都是一樣，習慣了，也不覺得有不舒適的地方。

我家在豫南地區距離本校約四百里路，家父愛子心切，擔心我在黃河北岸的豫北地區，氣候寒冷，可能會不適應，特以搭火車到新鄉來關懷一番。他親眼看到我在學校裡，

無論吃的、住的和上學的情況等等都很滿意，這才放下心來。由此可見他對我這個兒子是多麼的在乎和關注呀！

　　國立十中是河南省流亡到西北大後方的學校，而今復原了，學校的名稱更改為河南省立中正學校，據說省教育廳正積極在規劃把這所中正學校提升為河南省一所空前的完整學校。除校內原有的高中部、初中部、小學部及師範部之外，另增設幼教部、大學部及研究所等。這所獨一無二、別具創見的學校，諸多教育界人士都給予肯定、支持與讚美。如能實現，從托兒所、幼兒園、小學、中學、大學、到研究所，不須跨出校門一步，一氣呵成，何其壯觀，何其威風！可是天不從人願，抗日戰爭甫行結束，內戰繼之又起，讓這個璀璨、宏偉、氣派的巨擘胎死腹中，實為一大憾事！

（4）遷校

　　豫北戰亂不斷擴大，波及到學校的安危，影響正常上課。36年（1947）春夏之交，學校奉命遷往鄭州，但是市區無現成的校舍，只好在鄭州西郊鄉下租用民房上課。校本部、高中部安排在東司馬村，後來因人多擁擠，高中部移往關庄村、初中部在孫庄、師範部在薛崗，各部之課務由部主任負責督導，全校教學情形，除校址稍偏僻外，其餘均正常。每逢週末或假日，同學們有的返里省親，有的

留在校內啃書，也有的到鄭州市區逛上一逛，更有的來到遠近馳名的鄭州老坟崗走一趟，以便散心、購物、或吃、喝、玩、樂一番。我也常常到老坟崗去，因為那裡各種玩意兒很多，如雜耍、魔術、大鼓、相聲、評書…等等。我比較喜歡魔術、戲法之類的把戲，有言：「戲法人人會變，各有巧妙不同」。不過，戲法也好、魔術也罷，很多都需要「道具」配合才能表演，我因好奇，在這方面之付出，為數不貲。由於興趣使然，也說不上是得或失；一天的光陰很快就過去了，大家滿懷著舒暢的心情盡興而歸。

　　37.8.30（1948）暑假開始，我由家中返回關庄高中部，等待正式開課，但是上課後不滿兩個月，無情的戰火悄悄的從豫北伸展到鄭州了。眨眼間，鄭州變色了，學校無援，奉命再度遷校，上次遷校是集體行動，這次喬遷是用化整為零的方式，分散多路而行，目的地定為江西吉安青原山。首批梯隊不分部別由初中部主任率領，於37.10.27（1948）凌晨三時自花園口上路，沿著黃河堤向東而行，當登上黃河堤頂之後，感慨萬千。向左看，是奔騰的黃河水；向右看，是深邃莫測的平地。忽憶李白「君不見黃河之水天上來」的詩句，豁然領悟到此時的感受。河床與平地之間高低相差數十丈，就像站在高山頂上向下看一樣，真是駭目驚心！這是26.7.7（1937）蘆溝橋事件爆發後，為了遏阻日軍南度之策略遺留下來的疤痕。那時

也是在不得不的情況下才把黃河炸開，讓洪水衝垮正在南進的日本大軍，日軍遭到不意的重創，也遲滯了南侵行動達五年之久。但是我們並沒有佔到太大的便宜，因為黃泛區內的我國人民，財物所受的損失，可以說無法估計，唯一可提的是，我們的軍事戰略稍佔了上風，因為日軍曾揚言「三月亡華」，這個美夢徹底破碎了。

　　我們沿著黃河堤到了蘭考下堤防朝商丘方向前進，這時看到民眾在上墳，讓我意識到此時應該是農曆的十月初一吧！近午時分，遇到一個路邊小館，叫了三碗陽春麵，結帳時，老闆不收法幣，他說：「老鄉，法幣已經不能用了」。聽此言，一陣驚訝！糟糕了，我身上所帶的錢全是法幣，而且為數還不少呢？家父顧慮到世局不穩，特為我準備兩學期的學雜費，伙食費及零用錢，總數不下七十多億，由於我缺乏理財觀念，一直抱著這些法幣，改革幣制時我也知道，（300萬元法幣兌換一塊金園券）。但是我沒去鄭州兌換，也沒買點金子、銀子之類的東西，現在都變成了廢紙，不能用了，自嘆太笨，只有央求老闆勉為其難的收下，因為實在沒有其他的錢幣，他看到我們都是學生，並非耍賴，吃霸王餐，就說：「算啦！今天的麵算我請客，飯錢不收了」，我立刻感謝老闆仁慈並表示法幣既然成了廢紙不能用，那就都丟在這裡當柴火燒了吧！

　　這時我們三人達成的一個共識，從此以後我們互不分

彼此，同甘共苦，誰有就吃誰的，因為他們都把法幣兌換成了金園券，並買了銀元和金子，只有我一無所有，全依靠他們兩人了，所幸到徐州後我們都成了公費學生，心內的顧慮也消了不少。

我們是37.11.1（1948）從商丘搭軍用便車到達徐州，臨時住在徐州小學，不愁吃、住，每天無所事事，常去攀爬雲龍山遊玩散心。37.11.22搭上軍用火車到南京，住在下關車站內，此時由於幣改失敗，造成通貨膨脹、社會不安、秩序紊亂，教育部發給每位同學金園券兩元作路費，希望盡快離開南京。由於物價飛漲，大餅賣到金園券16元一斤，所發的兩元金園券只能買到二兩大餅，何其悽慘！

在下關車站住了好幾天，很難買到吃的東西。一來沒錢，二來很少賣食品的，候車室裡的人越來越多，政府擔心學生在此難免不鬧事，37.11.24（1948）特調來一列敞篷火車，從下關開出向外疏散人潮，一直開到上海，奇怪的是，一向繁華的上海街道上所有商店，特別是賣食品的，包括大小餐飲店等全都關著門不對外營業，有錢也難買到可吃的東西。我們坐的這列火車是專車，中途不停，只在上海轉車，這一列專用火車行經杭州前一站停了下來，突然出現一個老嫗推著一輛稀飯車，大聲叫賣：「稀飯五毛錢一碗」，火車上這些人好幾天都未進食了，看到有稀飯賣，都爭先恐後的搶著買稀飯，生意好的不得了。

那麼多人搶著去買，秩序難免紊亂，剎那間，稀飯車就變成了自助餐車，稀飯不經由老嫗的手，同學們就自己去盛稀飯了，而且吃過的碗也不洗了，這個人吃完後就直接把飯碗遞交給另一個人，另一個人自行去盛稀飯了。生意確實是很好，但在混亂中，吃了稀飯沒付錢的，恐怕也不乏其人。稀飯是賣光了，老嫗感覺著沒收到應得的稀飯錢，她感到委屈就在那裡大聲咆哮，是否有口出「三字經」，我倒沒聽見。

　　37.11.27（1948）傍晚，火車到了江西樟樹鎮，火車上的人都下來了，再轉車南行一天就到達目的地了。這時樟樹中學師生得悉河南中正學校師生流亡到江西，將落腳青原山，為了善盡地主之誼，特備省產優質大米飯招待。師生們從下關車站上車來到這裡，一路上都買不到東西吃，肚子都餓扁了，現在見到米飯，太興奮了，滿滿兩大桶米飯，很快就吃光了，樟樹中學繼續再煮，又抬出兩大桶，旋踵之間，又吃得精光，這個失序搶食宛如餓死鬼一樣的這種場面，必定會給樟樹中學留下一個失態、失敬的極為不良的印象。這種反常的情況，讓領隊的李主任也倍感無奈與尷尬。

　　中正學校南遷的東線梯隊歷經了不少磨難，終於在1948.11.29 來到江西吉安青原山。這裡有一大片廟宇，據說此地是宋朝宰相文天祥的故鄉（廬陵），也是他早年在

此講學的書院，後來成了佛教的寺廟。寺廟內的房舍多為依山而建，蜿蜒曲折，層層疊疊的為數真不少。我們的學校在萬不得已的情況下能夠遷到這個幽靜的地方，應該算是很幸運了。寺廟中的僧尼都是信奉佛教出家受戒的人，心地善良、慈悲為懷，聞聽我們是河南的學校帶領全校師生流亡到此，繼續講學授課，竭誠的歡迎。於是校本部就著手規劃，妥善安排高、初中部、師範部等所需的教室、寢室、餐廚等房舍，以便能夠及早開課。

學校來此復課有點逃難性質，不能「茶來伸手、飯來張口」，每天開門七件事都得由同學們自己參與，譬如每天輪流去採買、搬運米麵，還得上山砍柴燒火煮飯。雖然辛勞一點，但是自理生活，不也算是另一種情趣嗎？

學校在大家共同努力下，很快就上了軌道，正常上課了。但是世事詭譎，變化莫測，徐蚌會戰靜下來不久，戰爭的火苗迅速又撲向江南，政府受到亂世的掣肘，民窮財盡，國庫空虛，到處皆嗷嗷待哺，龐大的開支已無法應付，此情此景，學校也就失去援助，「巧婦難為無米之炊」，學校只有關門一途。

38.4.8（1949）教育部派以前的老校長來對師生訓勉、安撫，並鄭重宣布學校即日起解散，還痛心的表示學校把你們帶了出來，不能妥善照顧，由衷的難過。從現在起，只有請大家自行找出路了，如願和老校長同甘共苦，

我們就一起去討飯吧！這時如晴天霹靂，同學們的情緒全都崩潰了，女生更是放聲啜泣，全場瀰漫著深沈的低氣壓，充滿著陣陣的欷噓聲！這時，大家心中的感受，就像天要塌下來的樣子！

（5）學校解體

　　天下沒有不散的筵席，學校已確定解散，就準備離開吧！

　　38.4.11（1949）全校師生依依不捨的紛紛離開了相處五個月的青原山，先搬到贛江西岸的螺絲山待命離境，吉安在江西中部，濱臨贛江，東西兩邊都是連綿的山巒，對外交通不是很方便，這裡沒有鐵路線，除了贛江上可以行船外，就只有依靠公路局的定期班車了。

　　同學們困在螺絲山等待離開，而沒有交通工具的消息，為了解決交通問題，推派代表情商江西公路局吉安站給予適度方便，從1949.5.11起，南線、西線每一班車允許搭乘一到兩位同學，目的地是湖南衡陽，我搭上南線公路車，經贛州轉韶關後再轉乘京廣線火車到湖南。1949.5.15抵達衡陽，暫宿衡陽小學，從此以後，每天就過著仰人鼻息的生活了。

　　管子曰：「民以食為天」，為了生活，同學們每天三五成群的來到衡陽大街上，如同和尚化緣一樣，沿街挨

門挨戶向商店乞憐，大方的店家見到我們這種情況都慷慨解囊，小氣的店家則藉詞推託說手頭很緊，有的說，你們不是剛來過了嗎？其實他所說剛來過的是另一批學生，這也不能怪他們沒惻隱心和同情心，實在是我們一批一批來的同學太多了，如果不斷的重複來，我們也會感到不好意思的。市區內的商號已去遍，不便重複前去討擾，靈機一動，想到了廣大的農村，於是就往鄉下跑吧，鄉村的家戶都是很樸實的，但是，他們很少會給錢，他們認為我們是乞丐，討飯的，就把剩飯剩菜拿了出來，有的拿些糙米出來，有的把稻穀端了出來，這樣也好，每天出去一趟收到的稻穀多了，也可拿去換錢呀，可是我們攜帶的袋子不多，也不夠大，裝不了多少東西，怎麼辦呢？索性把褲子脫下來，兩條褲腿一紮，可以裝很多的穀子，扛回衡陽之後，再送到收購稻穀的商店賣掉，或者把一部份稻穀換成米。如此一來，不但有米煮飯了，也有錢買菜了，吃飯問題解決了，也挺不錯的。記得家鄉有句俗話說：「討過三年飯，啥事都不幹」，這時我才真正體會到他的真諦了！

有一個傳聞，廣州設立了一個「南來員生安置委員會」，對流亡學生發放救濟金，聽後半信半疑，反正沒事，前往跑一趟也好。於是，約同應瑞、恪珍等三人於38.05.17（1949）聯袂到廣州中山紀念堂憑證件領取港幣4元，這時廣州市區人滿為患，大街小巷到處都是軍隊、難

民及學生，而且處處都在招兵買馬，他們宣傳的口號和標語極為動聽且引人入勝，我等心煩意亂，難以消受，為求耳靜，遠離雜音，又匆匆回到衡陽，在衡陽小學鵪居。

為了生計，每天不時外出乞討，卻非正道，但處此逆境，也無可奈何，只有得過且過的過一天算一天了，我們從廣州回來之後，沒有多久，應瑞，恪珍他們兩人應執友之邀約，必須前往重慶相會，而且克日啟程，臨行之前，應瑞把手上的戒指取下來截斷，留給我了三分之一，作為臨別紀念，此情此境，卻之不恭，蓋「雪中送炭」之舉，情誼超凡，讓我終生難忘。

自從學校解體後，我們都成了遊民，就像遊牧族人一樣，散佈在長江以南區域，遍及蘇、皖、浙、贛、粵、桂、黔各省，每天靠行乞度日，有人憐憫同情，有人慷慨施捨，也有人無動於衷。其實，也不須在意它，因為我們不是老弱，也不是殘疾，竟靦顏向人索討，難免遭人白眼，此時此地，此情此境，可以想像，可以理解。但是，我們落魄到這種地步，心中也不是滋味，再加上離鄉背井、舉目無親、水土不服、內心不寧，自然的會有情緒反射。既然頻受歧視，不如歸去吧！我也曾不止一次的設法踏上歸途，但狼煙滿天、鐵道損壞、公路不通，唯一可走的路，就是坐船偷渡，可是船只能到達武漢，船票是十七塊銀元，不收紙幣，只收銀元，而且也不保證一定能夠到

達。當時，我身上除了那份紀念品，殘缺不全的戒指外，就一文莫名了，哪來銀元買船票？回家之路無望了，只有打消這個念頭，仍然聽憑上蒼安排，隨波逐流吧！

前方不斷失利，軍隊簇擁後撤，大軍充斥在衡陽。據傳聞，那時的部隊不少徒具形式，兵源缺額甚眾，上級常來臨檢，按人頭發餉，這時他們不乏以攜手互助的方式同舟共濟，有些頭腦靈活的部隊，看到這些流亡街頭的學生，滿可加以利用，於是就延攬前去充數，以兩塊銀元的代價替他們應點，我們明知是「助紂」，但處此憂患期，「飢不擇食」，總比看人臉色好吧，於是換上戎裝，聽候應點，結果只查一查人數，順利過關，他們很高興，保證錢撥到即通知我們去領，但是戰情吃緊，衡陽就要棄守了，還沒拿到那兩塊酬金，是否黑吃黑，被愚弄了，迄今還不得而知，那時為了盡快的離開此地，我們就倉皇的爬上軍用火車頂上，急速離開衡陽了。

1949.6.27 火車到了桂林，暫時住在穿山漢民中學校區內，提到桂林這個地方，不論中外古今人士都知道「桂林山水甲天下」，凡是到過桂林的人，都不會輕易放過遊山玩水的機會。可是那時我們就在此地，並未去欣賞美景，原因是餓著肚子會有興緻去遊玩嗎？心中想的是如何解決溫飽，如何跳脫逆境完成未竟的學業，毫無閒情逸緻去享樂。

　　中正學校由豫北、華中、華南，跨越黃河、長江，數度遷校來到江西青原山，後來由於情勢威逼，宣佈關門大吉，這並不是市面上常見到的「整修內部暫停營業」的關門，而是「將成灰燼」的滅門。這時我們在桂林穿山漢民中學寄居，省教育廳並未忘記這批學生，甘冒危險，把全校各部的畢業證書轉送到南疆的桂林，交給每一位學生，實在可貴。但是面對著這張證書，感慨萬千，歷時三年的淬礪奮發，經過不斷的飄泊流浪，且不時在戰火中穿梭，而今終於跨過了這段求學「里程碑」，不知是喜呢？或者是憂？千言萬語，難以傾吐，但在萬念俱灰的邊緣上，只有一句話：「總算高中畢業了」。

4. 大專夢碎

　　一般來說，人的慾望總是不滿足的，高中畢業證書已拿到手，還想更上一層樓，可是那個時候，狼煙四起，戰雲密佈，整個江南地區，各大專院校均停止招生，只有流亡在桂林的河南私立商業專科學校招生，我原本無意商科，但聊勝於無，還是和很多同學們去報考，結果我也在錄取名單之中，這時校方是否耍滑頭，不得而知。不過，在聲明中正式公告，國難期間，出於無奈，務請同學們自行前往重慶校區報到入學，我的天呀！路途迢迢，如何去

呢？思考再三，既已上榜，就去吧！不管它「山高路遠坑深」，決心向目的地進發，走一步算一步，大不了「騎驢找馬」也並非不智。

這時政府突然宣布內閣改組，由西北名將閻錫山先生組閣，為扭轉危機不惜孤注一擲，俾挽救頹勢，首先是整頓金融秩序，發行銀元券，以安定民心，並保證百分之百的兌換銀元。可是，百姓的思路是：「一旦被蛇咬，三年怕草繩」，大家對政府似乎完全失去了信心，手中如有銀元券，馬上就到銀行去兌換，每個銀行都忙翻了。而且，銀行下班關門後，兌換硬幣的人潮並沒散去，依然在那裡排隊苦候，等到翌日銀行上班繼續兌領。白天如此，夜晚也如此，沿著路邊排隊的人還不斷的在增加，這個奇特的場景，簡直是不可思議，令人嘆為觀止。

暑假過後，戰雲未消，但漢民中學的師生開始返校，我們在這裡是「鳩佔鵲巢」，沒理由不離開。於是，從穿山轉移到桂林七星崖，靜候良辰前往重慶校區入學。

38.10.25（1949）有火車出站的消息，同學們迅速攀上車頂（我們沒資格進車廂），車頂人已滿，於是鑽到車底下，搶佔車輪上之避震器，冒著風塵之侵襲躺在避震器上面，勉強可以遷就一下，也有人站在兩車連接處的掛鉤上，險象駭目驚心。不過，這也是萬不得已的事。火車到了柳州，暫時住在候車室中，等待北上的車訊。

　　38.11.9（1949）乘坐原車開到金城江，此地為山區，偏僻荒涼，至感無聊，同學們在這裡苦等了十好幾天，迄無往貴州的火車，據謠傳，湖南貴州間已在激戰，路已切斷，無法通行。無奈之下，我們商定以步行前進，沿著湘貴黔鐵路向貴州前進，心想先到貴州後，再設法去重慶，可是當我們快到貴州邊陲的都勻時，迎面有了來人，他們探詢我們的行徑後，奉勸我們回頭吧，因為前面的路已封閉不通了。這種說法與先前所聽到的謠傳似乎吻合不虛，只有倒檔退返金城江了。如此一來，往重慶報到入學之計畫不就告吹了嗎？肯定如此，不然還有什麼辦法呢？

　　回頭已確定，我們在1949.11.25傍晚搭乘先前之軍用專車從金城江出發，返回柳州，萬萬沒料到這是一班驚險萬分的恐怖列車。火車走到半路上，突然遭到地面武器襲擊，連續不斷的朝火車射擊，車速那麼快，不停的遭受槍砲射擊，沿途的埋伏必定不少，他們是蓄意攻擊火車的，人數一定很多，一路上經過好多站，不斷的以各種武器對著火車發射，劈劈啪啪的槍聲不絕於耳，我們趴在車頂上，心驚肉跳，魂飛胆裂的出奇害怕，我們把飯鍋罩在頭上當頭盔，身體盡量放低，這時火車司機大聲吼叫，蒸汽鍋爐水快乾了，到站一定要停車加水，否則會爆炸，但在這種兩難情況下，護衛火車的軍警絕不答應停車並命令司機一直往前開，除非鍋爐爆炸絕不能停車，地面砲火這麼

猛烈，如停車，後果就不堪設想，不是搶劫，就是殺戮，必須衡量輕重利害，火車走到柳州前一個調度站，完全失去了動力，自動停了下來，這時大約是凌晨三四點鐘，天將要亮了，槍聲似乎也停止下來，車上的人也都下來朝向柳州方向走動，模模糊糊之間看到前幾節火車和車頭上有很多屍體，多為護車之軍警，死狀慘不忍睹，我們在車頂上運氣還好，加上老天保佑，幸保一命。可是，一路上，那麼多槍聲，被打死掉落下來的人們，定也不在少數，唉！人命天注定，不去多想它了！

這個時候，柳州市區內到處是爆炸聲，沒過多久，市內的人群就開始往外逃竄，一陣接一陣，挑著家當，牽著孩童，抱著嬰兒，大哭小叫的向市外衝，不明白究竟是發生了甚麼驚天動地的事情，只是見到這種驚慌失措的情況，也感到毛骨悚然的不知所措了。本來是要進柳州的，而今柳州的人們都急急忙忙向市外奔逃，弄得我們也手足無措。大家聚集在站房裡共商大計；有的說先在站房躲避一下，等砲火平息了，就可北上回家了；有的說，在這裡人生地不熟的，恐怕沒那麼樂觀吧；有的說，昨天晚上軍用火車被突襲，今天一早柳州市內連番爆炸，一定是守勢敵不過攻勢，吃了敗績，不然哪會有這麼多守軍向後撤呢？而且軍隊往外逃的人數比各行各業和老百姓還要多得多，果如是，讓我想到「兵敗如山倒」這句話了。本來

軍隊是保國為民的，拼死也要拼呀，為什麼不抵抗，拔腿
逃跑呢？有的說，手拿著武器的軍隊都棄守了，咱這手無
寸鐵的難民還有什麼可留戀呢？俗話說：「老丈人死了哭
爹，隨大眾啦！」最後達成協議，留在這裡利少害多，外
逃可能還有一線生機，於是就混進軍民行列之中盲目的向
外奔逃！

　　本來在上學，學校被迫關門後就向人乞討，成了乞
丐，而今又成了難民，那麼以後又會變成什麼樣子呢？只
有上天才曉得！

5. 殘缺的腳印

　　我在普通文學校就讀，歷經十多年，總共拿了兩張畢
業文憑，一張是初中畢業拿到的，另一張是高中畢業拿到
的，而小學文憑從缺，原因是在高小五年級時，興致勃勃
的，我以同等學力跳級考取了初中，所以小學沒有畢業。

　　說到這裡，話就多起來，七十多年之前，我在長葛縣
中畢業，拿到了有生以來第一張畢業文憑，這是一件光榮
的喜事，內心之快慰不言而喻。接下來是暑假考季，學子
們忙著到處去趕考，期盼能進入理想的高校，經過南北奔
波，我如願考上了國立十中高中部，興奮之情更是難以形
容。既然進入了高中，初中文憑就功成身退，我把他留置

在書箱內,交由繼母代管。1948年十月,中原板蕩,學校
南遷,接著局勢動盪加劇,被迫流落他鄉長達數十年無法
返里。1989年賦歸,則是滄海桑田,家破人亡,一派淒涼
悲傷景況。念茲在茲,憶及我那珍貴的初中文憑,尋覓再
三,不知去向,族人臆斷紛紛,則仍杳如黃鶴,下落成
謎,不由潸然痛惜!

　　我有生以來第二張畢業文憑(河南省立中正學校高中
部畢業證書)是1949年底由河南省教育廳派專人送到桂林
漢民中學親交我手中,目前這是我唯一的一張文學校畢業
證書,連同隨身攜帶的學生證及前頒之畢業證明書均妥存
身邊,我把他們視為珍寶(如縮影本)。

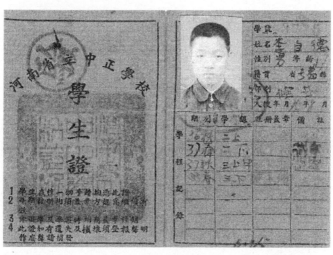

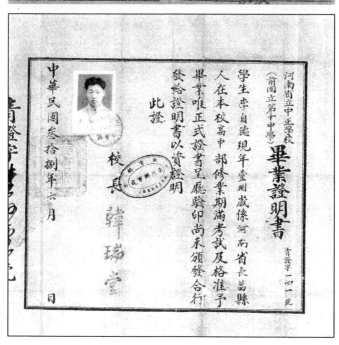

七、軍旅生涯

釁宇蠹立門已閂，棄舳擊楫十萬山[1]，
沙場失利遁異域，重整旗鼓奏凱還。

1. 浪跡南疆

我們這一群流亡學生離開柳州時，抱著書本，拎著行李，背著鍋、碗、瓢、勺等，緊跟著「慌不擇路」的逃難人群，張惶失措的往城外跑，到底往哪裡去呢？一概「莫宰羊[2]」，就像羊群般跟著前面的羊瞎跑。這個時候有很多流言蜚語，如狂風般陣陣吹來，有的說要往欽州方向走，然後轉往海南島；有的說要看軍隊的動向而定；也有人說往百色前進；更有人說往憑祥去的可能性也很高，因為憑祥比鄰鎮南關，必要時可以設法避風頭。但是不管往哪裡走，都躲不過穿越這條十萬大山，我們對這裡的情況不很清楚，只有跟著人家屁股後面跟蹌而行。可是戰情

---

[1] 十萬山即十萬大山，為崑崙山係的南支脈。
[2] 台語：不知道。

隨時在變，路線的取捨也不斷在變動，傳言總歸是傳言，實際的走向仍然是一大堆不確定性，但可以肯定的是，走在這條山路上，艱辛痛苦難以逃避。因為這個地區人烟稀少、物資缺乏、水源不足，在這種情況下，無休止的盲目前行，猶如「盲人騎瞎馬」險象環生，聽說已有不少人心灰意冷，不打算再繼續走下去。但這個地區排外心重，不敢輕易脫隊，只有勉強撐下去。一連走了幾天，弄得筋疲力竭，這一天，約莫傍晚時分，到了二塘，大夥都累慘了，於是也不管它三七二十一的，一轱轆就倒在路邊草地上，先解一解乏再說。翌日一早又被叫起來急忙趕路，但見整條路上全是逃難的人潮。由於疲倦過渡，精神恍恍惚惚的，被驅使著往前挪移，無意中看到一支部隊停在那裡，荷槍攔檢，旁邊還豎立了一根招牌，上面寫著「白長官檢查站[3]」，實際上是招兵抓人的。我們都是年輕的學生，正是他們心目中理想的目標，但為何在這兵荒馬亂時，趁人之危抓人呢？莫非日前戰損太大，急於填補缺額，才不擇手段的下此毒手吧?!他們為了示好，以「貓哭耗子」的溫情手法，事前已準備好了熱米飯和茶水款待。這些舉動，表面上是客氣親切，實際上，「司馬昭之心路人皆知」，但那時我們確實很餓，也很渴，真想去吃喝一

---

[3]　白長官就是西南軍區總司令白崇禧上將。

番，但是享用之後還好意思離開嗎？因為他們的動機已昭然若揭，這時我們寧可忍渴挨餓也不輕易進食；可是他們也有撒手鐧，不管我們吃或不吃，就是不放行，他們還動之以情，婉言勸說並分析當時的利害關係。而我們那時是「吃了秤鉈鐵了心」，任憑他們說的再天花亂墜，我等始終不為所動，他們蠻可用武力威脅，來個「霸王硬上弓」，但是沒有，他們可能顧慮到我們是流亡學生、知識份子，不便使用粗暴的手腕。因此，兩方一直僵持著，沒有和緩的跡象。就在這個時候，突然傳來一道軍情：「追兵只有五華里」，他們奉命立刻收攤，拔腿就走，於是我們鬆綁了，可是為了放單後的不測，依然得尾隨在他們的後面，不即不離，大概走了兩天，到達北泗，又遇到了一個「白長官檢查站」，同樣是攔路檢查，召攬入營的，我們前此已有了經驗，就如法炮製，也就是任憑他們怎麼花言巧語，我們就是老主意，拒不入甕。但是逃脫了兩關，困擾並未完全消除，那麼多軍隊，敗陣下來，都缺人，一定會有類似的情況再度出現，為求「未雨綢繆」，應作「釜底抽薪」之策，經大家共同討論，慎情度勢，既然逃不掉被抓的命運，乾脆拿出「阿Q精神」，主動前去參軍不是也比較光彩一點嗎？於是原則已定，心境也平順了，以後就相機行事吧！

2. 慨然入營（1949.11.29）

　　我們插入一波波軍民群眾中賡續前進，沒多久又遇到一支部隊停在路邊，並沒看到有「白長官檢查站」的牌了，是否又是再一次的攔檢抓人，不得而知。但我們已有心理準備，不會擔心有被脅迫的顧慮，我們決心已下，就坦蕩蕩的推派兩位同學代表趨前接洽，言明要入營。這個部隊是一兵團的警衛團，團長聽聞青年來從軍，親自出面接待。稍事寒暄後，就把衛生連長傳喚過來說：「這些青年學生前來效力，他們的素質都很好，加盟咱的部隊，可以說是如虎添翼，這就交給你去派用吧！」連長連聲說：「是，是！我連上醫護人員正缺著哩，如今添了生力軍，太好了，謝謝團長！」話畢就帶著我們到衛生連去，隨後穿上二尺半[4]，我們這群文質彬彬，弱不禁風的書生，旋踵間，如同「川劇變臉」般，馬上變成了雄糾糾，氣昂昂的沙場戰士了。

　　那個年代，軍中成員除了少數領導階層外，大多數文化水平不算很高，而且參差不齊，正經老實人有之、調皮搗蛋者有之、大老粗更是俯拾皆是，而且目不識丁者十居

---

[4]　「二尺半」，指士兵所穿的軍裝，由於它的長度是二尺半，所以稱軍服叫二尺半。

八九。以前在敝邑曾經流傳過一句諺語：「好鐵不打釘，好男不當兵」，真正的含意不知何所指，就表面上看似乎對當兵的人有點藐視的意味，可是我現在居然來當兵了，而且是自投羅網，豈不貽笑大方！但「時殊風異」，而且人在屋簷下，也無可奈何！

　　我們原本是在校學生，自然的會有些微趾高氣揚的習性，而今來到軍中，仍難免不被認為是很傲漫，目中無人，其實我們已是失意潦倒的落泊者，歷經折腰乞食之磨難，如今是謙卑得很呢！哪裡還會有驕氣呢？要說是驕傲，倒是我們的連長，他驕傲的程度，要遠遠凌駕在我等之上。當然，他是滿腹經綸、幹練、世故，且是軍醫界的外科高手，很受長官的器重和賞識，確有他驕傲的條件和能耐，可是在感受上，他好像對我們這群小毛頭們有點妒忌與輕視的樣子，也許他內心裡是善意的，所謂：「愛之深，責之切」是也。有一次部隊停下來休息，他同我們一起聊天，突然之間他對著我們發出斥責式的告誡說：「你們不要認為多讀了幾天書就自認為很了不起、很聰明，就目中無人啦！我在此敢大膽的說，你們還嫩得很呢！現在我鄭重告訴你們，假如有一天我把你們給賣了，你們還不曉得，而且你們還得乖乖幫我數錢哩！」他這番狂妄之言，用意何在，從何說起，一團霧茫茫，令人有「丈二和尚」之感。當時我直覺的反應是，這能夠算是善意嗎？隨

後一想，軍中大多是不太講道理的，也沒什麼好計較的，不過天下處處皆學問，讓我在這種機緣下又增長了一點見識，也算是難能可貴的收穫。

　　既來之則安之，我們跟隨著衛生連的部隊行軍，又走了一整天，到達遷江，但見馬路上擠滿了軍用大小卡車，停在那裡一動也不動，不明表裡，走到江邊，才發現跨江橋樑遭到人為破壞，車輛無法通行。在橋的東側有一道臨時架設的浮橋，只能走人，重要軍品只能由人背著經浮橋過河，馬匹不敢上浮橋，只有與馬夫一起游水過河。這天夜宿遷江南岸空蕩的民宅內，次日搜索隊發現一座穀倉，為了生計，大夥協力推磨碾米，裝入米袋，分由每人各背一袋，加上私人的書籍行李等非常沈重。第二天一大早，通信連送來一大批手搖電話機希望衛生連幫忙攜帶，據說這兩位連長私交甚篤，慨允幫忙。如此一來，我們這批新來的學生大兵就倒了大楣，所背的東西已夠多了，每人再增加一部電話機（重約三四公斤），負荷實在夠嗆了，但是軍令難違，背不動也得背。如想減輕，可以把私人物品酌量丟掉，軍品不可不帶，我們在高低不平的十萬大山中行軍，腳底都磨得起了泡，疼痛難耐。此時已進入夜晚時分，走到一處較平坦的路段，部隊已停下來，準備稍事休息一下，突然之間，西北方向的山頭上響起了槍聲，子彈在頭頂上「啾！啾！」飛過，部隊下令就地掩蔽。我立即

臥倒在路邊的溝壑中，這時槍彈似乎朝向我們射擊而來，對方很可能是發現了我們的行蹤，肆意來騷擾，以遲滯我們的行動，這時我方不甘示弱，也有間歇性的還擊，雙方槍砲聲此起彼落，有點像老家過農曆年，在除夕夜裡迎接新年來臨，各家戶所放的鞭炮一樣。但是，這不是過年的鞭炮聲，而是戰場上的真實槍聲，這突如其來的槍響，還真有點心驚膽顫哩！這是我加入軍隊之後第一次碰到的遭遇戰，我此刻正躺在山谷中的旱溝掩體內，聽到霹霹啪啪的槍響，看著夜空閃爍發光的繁星，感到有一股魂飛膽裂的惶恐，在這種殺氣騰騰的氛圍下，讓我猛然想起了在中岳店上小學五年級時，老師在課堂上所教的那篇「夢見媽媽」短文了：

　　「我的媽媽正撫著我的額角悲泣，猛然一聲炮響，把我從夢中驚起：

　　媽呀！剛才妳為什麼那樣痛苦，那樣悲淒？莫不是在這風雪殘年的夜裡，妳還惦念著天涯飄泊的愛兒？

　　媽呀！兒此時正臥在積雪的戰場，飽嚐著人間艱苦的滋味，衣單被薄，腹內枯飢。寒風吹凍了兒的熱血，積雪浸透了兒的征衣。

　　媽呀！兒現在聽到的是槍聲斷續，戰馬長嘶，

寒村的犬吠，午夜的雞啼；兒現在看到的是明滅的
燈火，飄蕩的旌旗，樹梢月冷，天上星稀；但不知
此身明夜又在哪裡？

　　媽呀！兒豈是為了黨國就把爹娘忘記？只因為
漫天烽火，遍地荊棘，掛住了兒的歸思，誰不想骨
肉團聚？誰不想家庭甜蜜？為了實現小我理想，
必先補平大地瘡痍。

　　媽呀！不要過於哀傷，不要過於悲戚，在這雪地
上躺著的每具僵屍，哪一個不是他媽媽的兒子？」

　　上面這篇「夢見媽媽」短文，詞藻優美，生動感人，
是一篇絕佳的散文詩，因此記憶深刻。據說是一位戰地記
者所寫，大概在1940年代前後問世，那時正式對日鏖戰期
間，政府已宣示全面對日抗爭，誓死保衛國土，同時揭櫫
「地不分東南西北，人不分男女老幼」「一吋山河一吋
血，十萬青年十萬軍」，全民一致響應最高當局的決策，
澈底消滅日寇侵華暴行，那時我們的武器裝備遠遠落後日
本，但是我們軍隊的士氣高昂，戰鬥意志旺盛，在歷次戰
役中，也曾有過多次的大捷，和驚天動地的輝煌戰果，可
是在這個關鍵時刻出現的這麼一篇文章，顯然時機欠妥，
他不但會影響全民士氣，還會動搖軍心，而且又潛存著反
戰意味，因之政府當局火速採取斷然措施，通令全國各級

學校即日起全面停教該課本，並悉數蒐繳予以焚燬，從此之後，市面上就很難再看到這篇短文了。可是在六十七年前那次遭遇戰中，觸景生情，很難想像竟然會浮現腦際，追憶當時讀這篇短文時，距離現在已經是七十年前的往事了。

我們困在這荒山峽谷中滯留了相當長的一段時間，夜已很深了，砲火似乎都消聲匿跡了，雙方都沒有再挑釁的動作了，我們大可休息一下，但是兵法云：「兵不厭詐」為求謹慎起見，還是不敢大意，趁著夜暗繼續往前進發。

1949.12.2急行軍趕到賓陽，次日入住八塘。12月4日進入南寧市區，未作久留，就迅速向前進行。翌日到達吳村墟停了一天，第二天晚上幼年兵隊不知從哪裡抓到了一隻小豬，並就地判了牠死刑，交給伙夫以亂刀剁成大小不整的碎塊，放入行軍鍋中生火烹煮，大家都已經餓壞了，就當是一頓湊合的晚餐吧！不料，肉下鍋後尚未完全煮熟，忽然又來了「追兵接近」的信息，上諭「盡快離開此地」，最感可惜的是，即將到嘴邊的美食奉命統統給倒掉了，這時有幾位不甘心的伙伴們，不管生熟，更不管他燙不燙手，反正是要倒掉了，先抓它一塊，邊走邊啃的直呼好吃。12月6日到了綏淥，沒有久停，繼續前進，到了思樂，仍然不敢停。12月9日走到了明江，次日進入大新鎮，因追兵緊跟在後，必須加速前進，不敢怠慢，就這樣一直不停的奔走，又渴、又餓、又累；無奈，只好從衣袋裡掏出一把生米填到嘴裡

幾粒嚼一嚼，窮湊合一下，不然又該如何呢？

3. 遁走異邦

　　1949.12.11 隨著大批隊伍走到了隘店，不能前進了，因為前面是越南，要辦通關手續才可過去，越南是法國的屬地，入關需由法軍負責管控。我國與法越都沒有邦交，進入受到限制，但是我們此時必須進入，於是逕向法軍交涉，言明僅是借道經過海防轉往我國海南島。法軍表示依國際公法軍隊進入他國，需先解除武裝才可進入，我方一再強調，只是過境，不是入境，而且這是非常時期，單純過境，希能開方便之門，但法軍堅稱無權處理，需經法國總統核准方可，當即急電法國總統，我們在這裡苦候了兩天，回電說，仍要依國際公法辦理，無奈戰情孔急，也只有忍氣吞聲了。

4. 羈留蒙陽

　　1949.12.13開始進入越南，由越南的法軍全權處理，我方人員入境時，要先放下武器，這是第一關卡，第二關卡要搜身以防夾帶武器，第三關卡是要細密的全身搜查，除個人用品外，凡屬軍品全部收交，所有軍用物資繳完了，

大家都感到卸下重負，一身輕鬆，我僅剩下一個筆記本，內夾高中學生證及初中畢業時的照片一張和四張高中畢業證書（其中三份是幫同學領的），其他重要書籍，尤其心儀的工具書如詞典之類的參考文獻等，因中途負荷太重，全部分批丟棄在廣西南部山區不知名的沿途草叢之中了。

我們這一群新兵繳了武器後一身輕快，難免有「手之舞之足之蹈之」的快感；但是率領我們的高層，此時想必心情沈重，把這麼多人帶到這裡，形同進入火坑，定必難以釋懷。

近代有位名人說：「槍桿子裡出政權」，它的真諦不難理解，有武器就有力量。特別是軍人，手中拿著一把槍，就顯得威風凜凜、神氣十足；如果軍人解除武裝，就成了「無牙老虎」、「籠中鳥」、甚至是「俎上肉」，只有任人擺佈。此時我們表面上仍是軍人，實際上就是戰俘、更是國際俘虜、也是失去自由的囚犯。

我們忍辱痛心的跨入越南境後，依循法軍指定的路線，沿著越北邊陲的山間道路安步前進。走了一天，晚上在一個空曠的露天廣場歇腳；第二天在一片蔓草叢生的荒地露宿；第三天在一處荒野竹林中過夜；第四天走到一條大河邊，天色很暗，沒看到有橋樑，無法過河隨便蹲在岸邊週遭休息。據說河的對岸是法軍駐軍的營區，距軍營不遠的山邊就是準備安置我們的地方。翌日一早，法方備妥

了一艘渡輪，分批載運我們過河。在渡輪上望著河水清澈誘人，俯身用手捧了一點送到嘴裡，「呸！」水是鹹的，味道又澀又苦，難以下嚥，原來這條河是通向大海的河流，隨著漲潮退潮之衝擊就把海水引進了過來，所以水是鹹的。下了渡輪，由法軍引導，到達越北蒙陽。

這裡是一個棄置的煤礦場，據說在1943年前後被日軍瘋狂轟炸後，整個煤礦遭到嚴重破壞，礦區內各項設施及建築物全遭毀損，無一處完整者，幾乎全都夷為平地了，放眼望去，全是斷垣殘壁，遍地野草叢生，雜亂不堪。從高地流下來的山泉水，經過殘破建物旁遺留的排水溝輾轉流向河流，通向大海。這個地區是山坳，三面環山，因地處亞熱帶，滿山遍野都是原始森林，氣候潮濕，經常飄著霧濛濛的細雨，且有瘴氣，常會危害人體健康。數萬名部眾和難民群眾在這樣一個荒蕪雜亂的狹小地區內，上缺遮蓋，下無乾地，只能坐在濕地上打盹，無法安眠，法軍又限制我們的行動，只能在這個地區內活動，不能逾越範圍，簡直是人間地獄。法軍提供我們的食物有限，無法飽食，限量的食米只能煮稀飯分而食之，副食品十人一小罐牛肉罐頭，不夠填牙縫，渴了就喝排水溝裡的山泉水，排水溝裡經常漂浮著排泄下來的糞便穢物等，但這時也管不了這麼多了，照喝不誤。由於吃、喝、拉、洒全在這個小圈子裡也無可奈何。可以說是非人的生活，這時讓我想到

文天祥先生在監獄中寫到的那首正氣歌了，「……牛驥同一皂，雞棲鳳凰食，一朝蒙霧露，分作溝中瘠，……」，在這種環境下，精神物質都不能滿足，能不生病嗎？我們到達這裡不滿兩個月，由於飢餓疾病，就奪去了數百條人命，為了果腹保命，營區內騎兵部隊把僅有的幾匹愛馬也一一給宰殺進了五臟廟，何其殘酷！古云：「兔死狗烹」，「鳥盡弓藏」，時耶！命耶！可憐的戰馬啊，昔日曾馳騁沙場，與主人並肩作戰，如今，已無用武之地，在此非常時刻，也只有含淚為主人獻身盡忠了！

　　一般說來，衛生單位的職責是為部隊官兵作療傷止痛及保健服務的，但是這時藥品來源不繼，醫藥嚴重缺乏，有云：「巧婦無米難為炊」。軍中病患一直增加，病情不斷惡化，衛生連簡直束手無策，層峰看到這種慘狀，積極向法軍爭取必要的藥品，並請法軍協助成立一所臨時野戰醫院，以儘速醫治日益增加的病患。法方目覩此情後，立刻應允成立醫院，由中法雙方各派一位院長共同推展醫療工作。因為病患絕大多數是我方官兵，因此我方衛生連所有醫護人員全部投入，必要時請法方大力支援協助，所需各種藥品及醫療設備也請法方供應，野戰醫院雖是臨時的，但不能露天，由法方提供足夠的大帳棚和行軍床，作為診病及重病住院之用。醫院成立了，就要正式開幕，衛生連各相關人員，就要各就各位了，醫官準備看診，看護

兵準備照顧病人，醫官的工作地點在全院區，看護兵的工作地點在門診部及各病房。但是問題發生了，我們在廣西加入衛生連時，是頂替看護兵的缺額進來的，看護兵是作什麼的，我們可說是根本不懂，俗話說：「桿麵杖吹火，一氣不通」。我們入營後天天隨著衛生連的隊伍，馬不停蹄的奔跑，連休息的時間都沒有，從沒受過看護訓練，也沒人告知如何做看護兵工作，而今醫院成立了，硬是「打鴨子上架」，讓我們這些門外漢當成專業看護了，真是「滑天下之大稽」。醫護人員是幫人治病療傷的，更是拯救人命的，都應具有專業技能的，現在叫我們這些外行人做內行的工作，事情弄砸了，不是「草菅人命」嗎？

　　但那個時候是不講道理的，只有聽命行事，我被派到病房照顧病人，如何照顧，沒有一點經驗，當病患難耐哀嚎時，我不會診病不會打針，只有去叫醫官來處理。那時環境嚴重惡劣，氣候又不良，生病人數不斷攀升，人手不夠，我又被派到加護病房去了，那裡全為極重病患，設有看護兵兩位，不管有多少看護兵，都是門外漢，再多有何用，只是濫竽充數而已。我所能做的是替病人餵食、餵藥，清理病人拉在床上的糞便、屎尿、及嘔吐物，再者就是病人嚥氣後，請醫官來檢定驗屍、出具死亡證明、並協助搬運屍體、清理病床等。這時，心中突然泛起在家時被父母和家人寵幸和關懷的景象，而今竟落到這種地步，

越想越不是滋味。那時候，軍中的要求是絕對服從，叫你幹啥就得幹啥，毫無選擇的餘地。有言：「大丈夫能屈能伸」，事到如今，也只有如此了，我在重病房中待了大約二十多天，表面上說是為病患服務的，助人、救人是慈善工作，是光榮的、崇高的、神聖的，但是內心裡還是有點嘀咕，總希望有機會能夠調換一下工作，腹稿已定，我們兩人有志一同，鼓起了勇氣去求見院長（也是我們原來的衛生連長），先訴苦一番，接著提出建議，希望有機會能換一下工作，他說：「想換啥工作？」答：「我倆在隔離病房工作這麼久了，可否輪換一下？調到門診部或到普通病房值勤？」萬萬沒想到這麼回應，竟惹怒了院長，他狠狠的申斥了我倆一頓，並說：「你們都不想幹了，誰又想幹呢？我也不想幹了，可能嗎？到廚房，就不要怕熱，想到門診部，我正式告訴你們，不可能！」。他停頓了一下，可能意識到我們是被動派過去的，不是自願進廚房的，於是他接著又說：「如果真不想幹了，不需調換了，那就馬上滾蛋吧！」。沒想到一樁單純的請願，竟會弄成這樣不愉快的局面？過了幾天，傳來通知，把我倆外調到一般戰鬥部隊去了，也好，雖說不是愉快的退場，稍感有點那個，但是擺脫了心不甘情不願的拂意之地，也算「慰情勝無」了！

我們在北越地區所處的環境惡劣、氣候不良、食物短缺，是疾病入侵的良機，雖然臨時醫院成立了，但罹病者

未見減少，而且死亡率還是節節上升。法方目觀這種情況，決定把我們這批人全部遷離此地，我方獲悉後，即作準備，並組成了斥候先遣隊，前往探測，先遣隊到達後立刻回報說，那裡環境優越，空氣清新，宛如盛夏，較諸蒙陽礦區要好得太多了。雖說是荒島，憑我們部隊開疆闢土的毅力，勢必會化貧瘠為沃土，把荒島變成世外桃源。

5. 遷移富國島

1950.04.11被編入移防後續梯隊，當天傍晚就離開了蒙陽，夜宿宮門，翌日早晨登上法國軍艦，沿著中南半島東面公海向南航行，越過西貢（胡志明市）後，右轉駛入暹邏灣，前後經過四天半海上航行，於1950.4.16到達目的地---富國島。

富國島是矗立在暹邏灣中的一個小島，西北與泰國遙遙相望，北面是柬埔寨，距離金邊港較近。但它屬越南管轄，此地處於熱帶邊緣，天氣較炎熱，地形外貌南北長約二十多公里，東西長約十多公里，最高海拔約一千公尺左右。整個島嶼就是一座獨立山丘，滿山都是密集的原始森林，山下四周平地不多，而且都是海沙地，只有西南部山麓下有一片較平坦的黃沙平地，勉強可以目視起降小型飛機（這裡沒有助航設施）。這裡由於是沙地，所以農作物不易生長，本

地所需的農產品，多來自金邊、泰國、越南、大陸等地，山下的林木多為熱帶植物，諸如大王椰子、橡膠樹、椰子樹、芭蕉、波羅蜜等，儼然呈現著一派熱帶風光。

島上原有的居民不多，皆以捕魚為生，他們固定在晚上駕駛漁船出海捕捉魷魚，船上用的都是電石燈，整個海灣中充滿了各方來的漁船，點點燈光佈滿這個廣闊的海灣中，煞是壯觀。他們整夜捕魚，黎明收網，卸下魚貨交給盤商之後，就返家睡覺。所以白天很少見到島上的居民，偶而見到的多是蒙面婦女，他們膳食烹調，白天要到小鎮上購買所需的物品，同時在外也尋覓一些野菜及挖掘木薯以供食用，他們住的都是簡陋的茅草屋，床舖是木板及木棍組合而成的簡陋寢具，他們的生活簡單純樸，無奢華可言。

這個島上，有兩個小鎮，設有不顯眼的少數商店，市容較雜亂，一個位於島的西南部海邊，名為陽東鎮，它是本島的首善之地，有一個小港口，可以進出口所需之物品，這裡有法越部隊駐守約一排人，首領是一位法國少校軍官，也是這島上的行政首長。另一個小鎮位於島的東南部海濱，名叫界哆。我們這批部隊從越北蒙陽遷到這裡之後，分別駐紮在這兩個地區，部隊的總指揮設在陽東區，統管在這裡的所有部隊及隨同來此的一般民眾等。

我到富國島後，被分配到陽東區的野戰部隊中，每天的重點工作就是全力協助建造營房，天天都要上山伐木砍

樹，或割草折竹，扛回營區供蓋房所需。蓋房的原則是先求有，後求美，所以不停的在工作，不如意的房屋就拆掉重蓋，因此我們上山砍樹先選好的，但是這裡那麼多部隊爭相砍伐，上好的材質所剩就稀少了，想要找尋優良的建材，必須要往山的高處爬，越高的地方去的人少，就容易發現好的建材，於是人家都競相往更高處爬。可是我們這一組人不知為什麼染上了一種皮膚病「疥瘡」，曾有一句話說：「牙痛不是病，痛起來就要命」，而今「疥瘡」比「牙痛」絲毫不遜色，因為他常長在手的掌紋上，痛感相當不耐，持刀砍樹時，幾乎用不上力。我們因手掌不適，打算不往上爬了，今天就在山腰週遭盡力找些最優良的木材扛回連上應可以交差，但是連長檢查後並不滿意，他認為我們偷懶，投機取巧，要處罰。立刻叫值星官集合全連官兵當眾處罰，連長訓話後，把我們這組六個人都叫出來，站一排待命受罰。連長唱名先叫出一位老兵，到前面趴下罰打軍棍，連長指令班長出來打。照常裡說，班長難免會袒護自己的班兵，他打兵時棍頭碰觸了地面，輕微打到屁股，但每打一下，老兵就「唉呦」大叫一聲。連長在一旁目觀並沒有很重的打在屁股上還在大叫，連長不悅，命令班長用力打，但是班長依然如故，這時連長大怒說，班長不會打，我來教你如何打法，連長拿起軍棍，沒打老兵，但是叫班長趴下，用力向班長屁股打了三下，並說就

照這樣打，氣沖沖的把木棍一扔就走了，結果班長被打癱
瘓了，昏厥了過去。值星官拿了一碗冷水潑向班長頭部，
並叫兩名士兵把班長架起來到空場上遛圈子以便恢復意
識。這時我們五個人站在那裡發呆，腿直發抖，心想下一
個不知輪到誰呢？連長離開後很久都沒出現，過了十多分
鐘，值星官出來宣佈，隊伍通通解散，看樣子我們似乎不
必挨軍棍了，但是雖然未被打，此情此景，餘悸猶存，內
心有說不出的無奈與憤懣。那時的軍隊不禁止打罵，但也
不能漠視人性和審情度勢呀！不過站在領導統御的立場，
多少還是有一點警惕作用的，可是，無論如何，這種違反
人性的霸道作風，實在不敢苟同。

　　為了尋找較好的建材，每天必須往高山上爬。但山林
中常有一些危機出現，最普遍的就是螞蟥（水蛭）和蛇類
（長蟲）。螞蟥貌似蚯蚓，潛藏在草堆中，當人畜經過
時，就會爬到人畜身上吸血充飢，不痛，有點癢，所以不
易察覺，如發現時，可用手用力拍打，牠受到刺激，就退
縮出來，最忌拉牠出來，如拉斷了，另一半還留在肉內，
比較麻煩，如在腳趾、手指縫裡吸血，沒法拍打，只有
等牠吸血飽了才自動退出來，目睹這種情況，真有點毛骨
悚然。再者，就是蛇了，有一次，我正在砍一棵乾枯的竹
竿，突然從竹竿裡跳出一條青蛇，（據說有毒），把我嚇
了一跳，牠並沒有攻擊我，迅速逃跑了，否則報導這件事

實的人就不是我了。

我們來到富國島開疆闢土，利用島上天然資源，以克難方式建造營舍，雖是簡陋的茅屋，但都是胼手胝足，日以繼夜趕工完成的，雖不是很華麗，但也已盡力求其完美，凡有瑕疵者，即刻改正或拆除重建，整個營區大致完成。但人的慾望永不會滿足，於是大夥總動員，攀登高山尋覓更美更大的建材，搭建完成了一棟高大寬廣的大禮堂，作為集會及賽事之用。後來鑑于陽東舊橋小又破，於是又群策群力建造了一座大橋定名為中山橋，以利往來營區與陽東鎮之便，大橋竣工啟用典禮由中法越首腦及華僑代表共同主持，當時贏得軍民一片喝彩聲。

陽東鎮是島上居民聚會之市集及物品交易之場所，大橋之完成，給他們帶來很多便利，我們的軍醫院也設在這裡，對營區官兵前來就診也方便了不少，總之這座新的大型橋樑搭建完成，為河流兩邊的人們造福很大。

6. 自反與改造

我們的居住環境在法方之協助與自身努力下算是略為改善了，但仍然是戰俘性質禁錮在這裡，飲食生活方面概與蒙陽時期相若，沒太大的變化，盱衡當前的情勢，也只有再隱忍，伺機待變。這時高層已訂定反躬自省，奮

發圖強之策,大力推行,目前的處境和所受的屈辱已屬無奈,但仍要容忍,不可灰心喪志,要堅苦刻厲,勿自暴自棄,更要振作精神,強化戰訓,以期東山再起。當前島上各部隊之作風不盡相同,為求一致,必須破除原建制適度整編,以統一指揮,始可發揮最大的戰力。革新改造案既定,就立竿見影,首應自上開始,把原指揮總部改為留越國軍管訓總處,設在陽東區,下轄一、二、三…個管訓處,其下設管訓總隊、大隊、中隊、區隊等,野戰醫院設在陽東鎮為全營區服務。另外成立一個軍官教育大隊,納訓所有無職軍官,一個職訓總隊培訓特勤專業人員。隨軍入越的豫衡聯中准予復校繼續栽培幼年子弟,俾爾後為國效力,然後把分散在各部隊中的青年學生,全部集中起來,成立一個學生隊,附設在軍官教育大隊之內,比照軍校模式賦予養成教育,以儲備基層幹部,各作戰部隊除急要工作外,即刻按部就班的實施戰鬥訓練。

7. 學生隊集訓

我從醫院轉調在野戰部隊有一段時日了,每天的工作,不是上山伐木割草自建營房,就是搬運泥土填鋪營區的沙地,確實感到有點厭煩乏味,但是大家都是一樣,而且天天如此,時間一久,成了慣例,也就習以為常了。反

正，人生如演戲，演啥要像啥，現在自己飾演的是小兵小卒，聽命去做苦工，也是理所當然，於是心情就暫趨平穩下來，蓋盡人事聽天命也。可是人世間之事，千變萬化，反復無常，除非神祇，難以捉摸。這天晚飯之後，公布了一道告示，本隊部分人員名單如下（略）被徵召到學生隊去受訓，這麼說戲碼又變了？這麼一來，就不必去上山與草木交鋒了。但是，不與山林為伍，並不見得是時來運轉，調去享清福的。學生隊之組成是最高當局之政策，把分散在各部隊的青年學生及青壯的戰士，一律蒐羅起來，予以軍事淬礪，宛如軍校之入伍教育，身心之辛苦勞頓更勝於作戰部隊。據說施訓期間管理嚴、生活苦，而且出奇緊張，要求苛刻，一舉一動都要迅速快捷，一個命令一個動作，絕對不可慢條斯理，拖泥帶水的磨洋工，否則，狠狠的被「修理」一番是難以避免的！

　　訓練的內容分學科與術科兩類，學科多為軍事課程，如步兵操典、孫子兵法、吳子兵法、胡子兵法和教戰手冊等等，那時物資缺乏，上課均採克難方式行之。教官在課堂講述，學生私下做筆記，也有普通學科如國文、英文、數學、理化、史地等。術科方面有基本教練、攻防作戰演練、實兵對抗以及器械操等。器械操是鍛鍊體能的，列為重頭戲，要求標準也高。器械操分木馬及單槓兩項。木馬有開腿跳、併腿跳等；單槓有屈肘、掛腿上、蝦形上（正

面上）、小游動、大游動、大車輪等。並規定木馬以併腿跳過關為及格；單槓以蝦形上過關為及格。我對各類學科、術科絕大多數都沒問題，唯獨單槓部分之蝦形上過不了關，算是不及格，凡不及格者要處罰出小操，也就是每天晚上就寢之前，由值星區隊長監督罰拉單槓二十分鐘，直到蝦形上過關為止。否則不能畢業。我們隊上一百五十來位同學中有二十位同學不及格，也包括我在內。心想，絕大多數同學蝦形上都能過關，而我不能，甚覺臉面無光，雖然說還有十九位同學在作伴，但畢竟仍是落伍者。有一則寓言：「只要功夫深，鐵杵磨成針」，這只是勸人努力的警語，幾乎難以成真。但是內心裡充滿著自責之音：「別人大多數都能上得去，我為何不能？」突然想到中庸上說：「人一能之，己百之」，再推而廣之：「人十能之，己千之」。就這樣，每天晚上逼著出小操，約莫經過了三個多月的苦行，「嘿！」奇蹟出現了，我會蝦形上了！終於過關了，內心感到無比的暢快愜意！不僅如此，一年後，凱旋來台，被分發到空軍通信電子學校正規班（今航空技術學院），入伍教育時，也有器械操課程，那個時候，班上的同學們，很多都不敢跳木馬，拉單槓時好像有人連掛腿都上不去，這時我竟成了佼佼者，內心之舒暢、趾高氣揚之興奮，不言可喻。

　　學生隊之受教期程已進行到完結篇，即將劃下句點。

回溯過去這三百來天的日子，雖說生活緊張些、要求嚴苛些，倒也在眾師長之指導下學到了不少普通學校沒有傳授過的知識與技能，深感如獲至寶、稱心快意，同時個個體格也磨練的壯碩了許多。總之，在這段逆境中接受非常的訓練，可說收益匪淺！

　　公元1951.3.14學生隊正式完訓結業了，臨別之前，除衷心感謝隊長、隊職官在這段期間之悉心管教與訓誨外，並向熱心的教官們致上無限的崇敬與感謝之意！

　　我們這一群來自不同地域的同學們，在這惡劣環境中，能夠有緣朝夕相處、共同鑽研，實屬難能可貴，如今將要勞燕分飛了，大家心中都懷著滿腔依依不捨的情愫，含淚互道珍重再見！（附圖片1張）

公元1951.3.14.學生隊結訓留影

8. 法文班集訓

我們在荒蕪的富國島，有點像「魯賓遜漂流記」電影片中的主角冒險求生的情節一樣，但那是小說故事，是虛構的；而我們被放逐在此，吃苦受折磨是真實的，我們為求生存，以赤手空拳與荒山叢林拼搏，以雙手萬能開創出一片歎為觀止的嶄新園區，這是無數人費盡千辛萬苦獲得的成果，目前已粗俱佳績，戰士們滿懷著旺盛的士氣、高昂的戰志，期能盡速復仇雪恥，但是時下仍是被羈押的情況，只是暫時容忍，勤加體能訓練、養精蓄銳，以待機出擊，目前管訓總處已經備妥了多套想定適時提出，倘局勢突變，我們很可能與法國結盟聯合作戰，因世事詭譎，並非是癡心妄想，屆時中法雙方密謀或意見交換，必然是頻繁無疑。但是，雙方在語言上之隔閡定會形成兩方在溝通上之障礙，為未雨綢繆，高層早就料到這一點，預先已與法方交涉法語翻譯人員培訓事宜，法方認為有必要，並同意盡速開訓，我方倉促遴選了一批優秀軍官赴訓，結果成效斐然，管訓總處認為「打鐵趁熱」，繼續再送訓一批，我們獲得信息之後，良機不可失，快馬加鞭，採取多管道向總處建議，法語班儲訓，不應設限，應不分官兵均有機會報考，以符公平、公正、合理原則，總處認為妥當，第

二批招考採不分官兵均可參加，甄試結果，錄取名單上超過一半是公元1949年參軍的流亡學生，我也僥倖被錄取。

　　受訓的地點在越南西貢郊區（現今已改為胡志明市）地名為頭頓，學校名稱是頭頓聖雅各海角法語傳譯學校（L'ecole des interpreted du cap st. Jacques）。

　　公元1951.6.12搭乘法國軍艦到法文班報到，學校是一棟二層樓建築，樓上是教室，樓下是寢室。校長是一位法國准尉軍官，老師是世居越南的一對華人兄弟，輪流上課，教學方式，原則上以聽講為主、讀寫為輔。先從法文26個發音字母教起，然後教日常所用的單字、簡單的片語及普通的基本會話。大約三個月之後，除老師教學外，另增加全用法語會話的實習課，採八人一組分批到校長辦公室進行，由校長親自主持，一對一會話，或共同交談，不准講中文，其餘仍照常在教室上課。那時因年紀輕，領悟力強，且全日專修，不到半年，我們都可流利的全用法語交談了，偶爾外出與當地人或法國軍民都可自然而然的流暢寒暄，很少出現「比手劃腳」、「雞同鴨講」的尷尬情況。

　　在頭頓法文班進修，可說是囚禁越南期間的黃金時代，除暫停登山砍伐勞作外，吃的、住的、消閒的等等，都比在富國島營區優越。學校所在地，位於越南首都西貢市郊的風景區，也是遠近馳名的避暑勝地，市內街道整潔幽靜，各國駐越使節、政商名流及法國越南軍政高層多住

在這裡，放眼望去，一棟棟豪華別墅群，就是他們的寓邸官舍，每逢週末假期，都看到他們偕眷，成群結隊，身著華麗新穎的比基尼泳裝，悠哉悠哉從住處出發，沿著樹海般的林蔭道路步行到海灣游泳、戲水、弄浪，其樂無窮。我們法文班的同學們由於身份關係，行動略受限制，但週末假日校長准許我們到海濱活動遊憩，包括到海灘玩沙、戲水、游泳等等，只可惜那時候我們都是窮酸落魄的國際戰俘，沒有像樣的泳衣，與彼等相映之下，有點格格不入之感。因之，除少數興致勃勃的同學，不計較這些兒，照樣下海去游泳，戲水及弄潮；其餘保守靦覥的同學們，身披舊軍服，不好意思下水，只是在那裡溜達走走，到處遊玩散心一番，開一開眼界，欣賞一下異國風光。但是，在不經意間緬懷到古樸多難的越南，難免一掬同情之慨！

說到越南，讓我想起了這一些片段史實…越南原是中國的藩屬，稱為安南，歷代每年都向朝廷進貢朝聖。中國古來自大，認為地大物博，人口眾多，可是國力較弱，常被世界列強譏為「東亞病夫」。因此，誘使世界各強國覬覦。公元1858年，法國公然侵佔安南，滿清政府嚥不下這口氣，一怒之下，派遣廣西提督馮子才率軍討伐，諒山一戰，慘遭敗仗。公元1885年訂立中法條約，從此把安南拱手割讓給法國，成為法國的殖民地。但是，越南國王保大皇帝是傀儡，國家大權全操控在法國人手中，公元1954

年，法國在奠邊府與越南軍隊激烈交戰，法軍敗北，越南脫離法國而獨立。但是，國內有兩派勢力，水火不容，不斷兵戎相向。公元1955年，美國介入調停，以北緯十七度線為界把越南分為南越和北越兩個國家。但是兩國你爭我奪，衝突不斷，公元1975年，南越淪陷，越南統一，首都設在河內，原南越首都西貢為紀念北越領導人改為胡志明市。

越南的語言有本土的越語及殖民時期的法語，華語只是在年長華人間互通。華人在越南入境隨俗下，一律講越語及法語。但是，在頭頓的華僑，聽到我們說華語，感到很親切，有時也會被邀去作客、聊天、話家常，除以生澀的華語交談之外，也談些他們前輩族人來此艱苦奮鬥，經營各種事業的歷歷往事等。

我們這一期法文班，說起來運氣還真算不錯，正巧遇上傳統的農曆年關，頭頓街上的華裔商家，聯袂送來了很多年節食品到學校裡來，表示禮俗和敬意。校長得悉我國人對這個節日極為重視，也特地準備了不少應景美味佳餚，還有法國著名的各種紅酒及白蘭地等，這麼一來，加上廚師自備的珍饈蔬果等，讓我們在異域痛痛快快的度過了一個相當豐盛的春節！

時光荏苒，屈指算來八、九個月的時間已經飛奔而去，法文班就要結束了，在校長、老師及華僑們的祝福下

　於公元1952年3月18日滿懷依依之心情離開了值得懷念的
頭頓。

　　經過兩天海上航行，於公元1952.3.20再次登上富國
島，重回久別的營區，與老夥伴們共度艱苦的生活。

　　我們返回舊地，先去謁見老長官，報告受訓的心得，
然後拜訪老同學，探望老朋友，並與老同僑們寒暄一番。
之後，暫借住第一總隊第一大隊，沒過多久，又遷至軍士
隊教室居住，因未正式派職，難得無事一身輕，經常去找
熟識的學長學弟談天說地，「擺龍門陣」，以打發時間，
排除一些無謂的寂寞。

在胡志明市習法文情形（左一為作者）（1951.6.12.-1952.3.20.）

在法文班校長室前留影（左前一為作者）

頭頓法文學校樓梯留影

胡志明市頭頓法文學院

9. 絕食抗議

　　我羈越部隊，被法方無限期的拘禁在荒蕪之地，生活條件甚差，官兵們精神苦悶，思鄉之念孳生，心情極為不安，屢經與法方交涉改善，並早日釋放回國，但法方總是虛與委蛇，推三阻四的一直在拖延，逼得我們瀕臨走投無路了，才於公元1951.12.25串連金蘭灣、富國島之陽東、介多等三個營區官兵，發動了一場史無前例的集體絕食抗爭。由於官兵怒氣鼎沸、言語過激、肢體粗野，引起法方嚴重不滿，立刻派遣兵艦急馳鎮壓，態勢嚴峻，一觸即發，幸我方及時制限，始未將局面繼續擴大而告暫歇。

　　發動絕食抗議時，我正在西貢（今胡志明市）法文班受訓，對此事毫無所悉，直到公元1952.3.18法文班結訓之後，再回到富國島陽東營區時，才聽到這件事情，概略的情況是這樣的：我們這批部隊是公元1949.12.13進入越南境內的，原擬假道越南，自海防出境去海南島的，而法方告知入境時要先卸下武裝交由法方保管，出境時返還，可是當我們把武器繳出，入境後，則成了「虎落平陽被犬欺」的下場，法方竟把我們當作俘虜對待，立刻拘禁起來。我們受到如此蠻橫的處置，心有不甘，曾與法方交涉，我們是堂堂的正規軍，進入貴地是客人，希望高抬貴

手，放我們出境回國，而法方以各種藉口搪塞，暫緩釋放。那時，越南是法國的保護國，政軍大權全由法國駐越、寮、柬三國總督兼三軍總司令塔西宜將軍掌控，他恐共心態濃厚，生怕惹出麻煩，所以他的意圖是先看看風頭，目前暫緩釋放我們。塔西宜總督如此拘謹，獲釋猶如「緣木求魚」，我方高層這時心如刀割，但仍然不斷與法方周旋，同時，又透過多種管道溝通，請駐越總領事及各國駐越使節團從旁敲邊鼓，以期發揮影響力。但是，塔西宜將軍驕矜狂妄，對各方之情意均予謝絕，這麼一來，我們被解禁之希望就更渺茫了！

　　打從進入越南之後，我們就失去了自由，至今已超過兩年多了，沒有絲毫轉機，我們的處境形同死牢的囚犯，連食衣住行都得不到起碼的待遇。食的方面：一天的需求只有半天的量；衣的方面：我們入越所穿的那套軍服，早就殘破不堪，所幸此地氣候炎熱，一年四季如夏，衣不衣，不十分重要，只要有一片破布能遮羞足矣；住的方面：皆為自力伐木割草搭建的克難茅房；行的方面：則是劃地為牢，豈有行的空間！數萬之眾被囚禁在這小圈子裡，物質、精神都不能滿足。此情此境，回國無望，思鄉殷切，心情煩躁，精神苦悶。官兵們因鑽牛角尖而尋短者，時有發生，在這絕望的情況下，大多數官兵都懷著一個念頭，任由法方來擺佈、折磨，只有等死，唯有設法拼

搏才有生路。我國古典上說：「人急跳樑，狗急跳牆」，
西方諺語也有：「不自由勿寧死」，現在已到了忍無可忍
的時候，勢必要採取非常的手段才行。可是，我們是赤手
空拳，不能與擁有強大武力的法越聯軍硬拼，只有仿效印
度聖雄甘地對付英國的模樣，用絕食來展現我們的反抗，
何時恰當呢？議定在西方人最重視的聖誕節舉行，這樣
可以攪亂他們的狂歡興致，於是在公元1951.12.25這天開
始，結合在越三個營區的數萬官兵，同時集體絕食，並將
配發給我們的食糧送還給法方。這麼一來，大家的情緒失
控了，心頭之怒火噴發出來，如脫韁野馬般，一發難以收
拾。陽東營區之官兵更是怒氣沖天，群起衝向監管我們的
法越聯軍指揮部，並包圍指揮部，大聲喊叫：「還我自
由，放我們回國！」指揮部只有三、四十個人，一看不
妙，都躲進室內，不敢出來。這時，人群越來越多，大吼
大鬧，加上肢體動作不斷，場面極為混亂。如此一來，引
起法方大為不滿，迅即派來兵艦停泊陽東外海，準備武力
鎮壓，態勢嚴峻，在千鈞一髮之際，似有人找來外事人員
出面向聯軍指揮官白利文少校出餿主意，試行把旗杆上的
三色旗拉下來換上青天白日旗，或可紓緩。此情此境，白
少校也無可奈何了。果然，當青天白日旗飄揚在空中時，
喧嚷的人群看到了睽違已久的國旗，立刻靜止下來，都肅
立向國旗致敬禮，不鬧了，平靜了。這時，官兵們的眼中

都流下了欣慰的熱淚，憤怒的情緒也緩和下來了很多。

絕食運動期間，在金蘭灣營區，發生了一件頗為感人的事。有一位監管我們的法國士兵，是摩洛哥人，因語言隔閡，他原先不曉得我們為何要絕食，當他瞭解到我們絕食是為爭自由時，他也放下武器，與我們一起靜坐絕食起來，因為他的國家尚在法國統治下，一直憧憬著自由，所以也要和我們一同爭自由。

這次絕食運動，官兵們把心中淤積的怨氣，一股腦的都宣洩了出來，也算出了一口氣。其中過激與失控所造成法方之憤懣與不悅，因未繼續擴大延燒，似也都在容忍之下趨緩了。可是釀成此事之癥結仍在，必須獲得解決，所以中法兩方共同指派代表坐下來，平心靜氣的研商，謀求改善之道，俾化解爭端。

會談中，中方所提意見皆為當前最迫切而急需改善的實際問題，而且極度卑微，毫無過份奢求者，略述如下：

（1）提供足以果腹之食糧

（2）增加些許應時蔬菜

（3）適時提供所需之醫藥品

（4）准予在營區室內外可以懸升國旗

（5）立即解禁遣返回國

法方回應說，中方所提意見合情合理，應允立刻改善，惟最後一項，牽涉多，稍困擾，但是仍會以最快速度

呈請高層設法解決，經裁示後另行轉告。

　　這場會談，過程順利，氣氛平和，也解決了一些迫切需要的問題，雖不全然滿意，但也勉可接受，一場充滿爭議的商談，算是暫告和平落幕了。

外一章：

　　法方對這次絕食風暴之消息竭力封鎖，不使外洩，但是這股熊熊烈火，宛如颶風般，難以阻擋，以致迅速向外擴散。台北方面得悉這批流散到越南的中國部隊，苦撐奮鬥，數年來遭受的磨難和傷痛，感同身受。於是立刻把制服改革後汰換下來的綠色新品舊制軍服，從倉庫中提出，用最快的方法先送到富國島分發官兵應急，（每人兩套外加綁腿一付），我們在長期艱困下，突然獲得贊助，甚感欣慰，大夥開心的換上新裝後，本像乞丐浪子般模樣，剎那間變成了整齊畫一的英勇雄師了。

　　可是沒過多久，法方也送來了一批土黃色卡其布法國軍服，品質比台製軍服要優良得多，不管如何，這些都是救濟性質之善行善舉，應一體致謝。但是目睹法方這些餽贈，內心浮現出一股難以形容的感傷。在法方長久監控之下，我們真實的苦難生活情況，他們一覽無遺，瞭若指掌，早不作「雪中送炭」，而今我國的援助到了，卻來「錦上添花」，是何居心？這並非「以小人之心度君子之

腹」而是他們擺明在「炫耀自己，藐視他人」嘛！我們也
並非得了便宜還拿蹺，而是處於困阨中，也常有「饑而擇
食者」，禮記上略謂：齊大饑，黔敖為食於路，以待饑者，
曰：「嗟來食！」餓者寧死不食「嗟來食！」何耶？骨氣
使然！所以這些軍服應予敬謝而拒收。可是，畢竟事與願
違，嗚呼！士卒之見輕於鴻毛，且孤掌難鳴，奈之他何！

10. 鯊魚肆虐

　　公元1952.4.13下午，天空烈陽漸緩和了下來，大家都
分頭結伴到一管訓總隊旁邊的海灘去觀賞暹邏灣海面的風
光，享受一下陣陣拂面的涼意。這個時候也有很多從山
上工作回來的官兵健兒們，爭先恐後的跳入海中洗澡、
戲水、游泳。這時海平面上有一波波翻滾的浪花，海灘上
也有玩水人群的嘻笑聲，充分顯示著海洋是喧囂不寧靜
的。就在這個時候，隱隱約約聽到遠海的地方傳來了「救
命啊！」的大叫聲，正在游水的伙伴們，聞聽後都奮勇前
去營救，用最快的速度把人拉抬到岸上來，據說是遭到鯊
魚攻擊，把靠近臀部下方的大腿肉咬掉了一大塊，不停的
在淌血，看樣子是大動脈被咬斷了，醫護人員火速前來處
理，但由於傷口太大，出血過多，當時醫療簡陋，結果無
效，就白白失去了一個生命。原本鯊魚多在深海域活動，

很少在近海區出沒的，但這次竟在離海岸不太遠的淺海區域發生這件事，都感到不可思議，而且極為痛心難過。

　　從此以後，採取「亡羊補牢」措施，首重人員安全，於是沿著海邊，估量適當的距離，劃定一個區域，並用木樁打入海底，建造一道克難柵欄，圍成一個廣闊的游泳區，並在岸邊豎立告示牌，禁止人員到柵欄外的海域游泳，以免憾事再度發生。

11. 法文班人員任職

　　公元1952.4.30，驖越部隊管訓總處發佈命令，把法文班結訓之人員分派到管訓大隊以上的單位就職，每個大隊暫分配兩人，尚未派出者留置管訓處以上之單位儲備，伺機另行派用。

　　我們兩人銜命前往一總隊三大隊上任，大隊長親臨相迎，並妥善安排我兩人到官員宿舍住下，由於增添了新成員，大家都一團和氣，談笑風生，似乎展示出一片新氣氛，象徵著和樂融融。

　　每個部隊都有它傳統的習性，當然這個團隊也不例外，大隊部用餐時，輪由兩位勤務兵負責擺碗筷、端菜飯、並幫官員裝飯、飯後收拾碗盤、擦拭桌椅、清掃地面，這都是行之已久的工作，也沒有甚麼值得詬病的。但

是我們來到這裡，已有一段時間了，與官兵同儕相處平和友善，可是這一天，晚餐之後，大隊長召喚我倆去他辦公室談話，他開門見山的說：「從明天起，勤務班要全員上山去砍柴，生產牟利，以改善大隊伙食，大隊部人手缺少，想請你們兩位暫時兼代勤務兵的工作一段時間。」我聽到毫不猶豫的說：「報告大座，這樣不妥吧！」他嚴厲的說：「有甚麼不妥！」我鄭重回答：「剛來時，大座以高規格禮遇我們，現在以勤務兵視之，你不覺得會損傷我們的顏面和人格嗎？」他說：「這是臨時權宜」我回答：「既是臨時權宜，那就不必麻煩了，改由我們兩個去上山砍柴，留下兩位勤務兵駕輕就熟，不是兩相宜嗎？」他似不悅的說：「你們兩人回去商量一下再來向我回報！」

回到宿舍，我問另位同學「你有何看法？」他答：「上山太苦了，我想留下代理勤務兵的工作。」我說：「不可！你難道沒感受到他在羞辱我們嗎？我們的頭銜是堂堂正正的法文翻譯呀！如答應暫代勤務兵的工作，我倆的臉往哪裡放呢？」他悶不吭聲。我繼續說：「為了我們的尊嚴，為了我們的人格，寧可上山去砍柴，也不能答應代理勤務兵的工作，而且絕對不能答應！」萬萬沒有料到，我在聲嘶力竭的勸阻，感動不了這位老同學，他還是堅決不上山要留下暫代勤務兵的工作。我憤怒的說：「老同學呀，你太讓我失望了！你將會後悔的！」。他不識時

務，不聽勸告，也無可奈何。我一個人依約去向大隊長
回報：「大座，我無法勝任你指示的工作，非常抱歉！我
決定明天和勤務班一道上山去砍柴，留下一位勤務兵和我
同學在大隊部工作，如果我在山上工作不力，願受大座依
法裁處！」他聽了我的陳述，滿臉鐵青，非常不愉快，兩
眼瞪著我，一言不發，過了很久之後，他突然大聲狂吼：
「好！好！好！」抬起右手一甩，表示讓我快走開。

　　回到宿舍，滿懷憤懣，在雙重壓力和衝擊之下，心如
刀割，痛入骨髓，躺在床上，意亂心煩，輾轉反側，久久
不能成眠。

12. 砍柴記

　　翌日（公元1952.5.12）一早，我和勤務班一行8人各
自帶著簡單行裝朝向山區前進。到達目的地之後，大夥同
心協力先把住宿的茅草屋搭蓋起來，稍事休息之後，就
開始正式去砍樹伐木了。工作方式是把樹砍倒鋸成一段一
段，再劈成一片一片，大家分工合作，把已劈好的木材，
一根根一片片，縱橫交錯的給架起來，以利風吹日曬，加
速乾燥，不到幾天就曬乾了，待數量差不多了，就裝上小
船，運到小鎮，批售給大盤商，以謀取點利潤。

　　我們在這裡砍樹與在部隊裡砍樹有點不太一樣。部隊

裡砍樹是建造營房用的，要選擇高大、筆直、優質的樹木，我們砍樹是作劈柴燒火炊煮用的，不計較品種優劣，不管是直的、彎的、好的、壞的，見樹就砍，然後劈開曬乾運下山出售就行了，不必為到處尋找質優的樹木而奔忙，所以工作起來輕鬆愉快，也不擔心砍的樹木有瑕疵受到挨打軍棍處罰的顧慮。

　　在山上砍樹劈柴、曝曬，然後再一捆一捆的搬上小船運下山，都很順利，我們的帶隊班長，心情也很愜意，在休息時，我們經常閒聊，他猛誇我一個文弱書生比強壯的士兵力氣還強，真是文武兼備。我說：「班長，不要給我戴高帽子了，回去後，大隊長不怪我就算不錯了！」班長說：「長官，你放心，我會把親眼看到的實情，向大座一五一十的報告，這次翻譯官的表現讓我深為佩服」我回應：「班長真會說話，我認為班長帶兵很有一套，假如把兩千人交由你率領，你的能力也是綽綽有餘的。」他說：「長官不要奚落我吧，我沒讀過書，大字識不了幾個，我是一個粗人呀！」我說：「粗人又怎樣？帶兵打仗，不是靠識字多少就能打勝仗的，而是靠帶兵經驗和能力的，以往帶兵的領袖很多不識字，但都能率領幾十萬大軍縱橫大江南北，譬如大老粗將軍別庭芳常建戰功，就連北洋軍閥龐瘸子、龐炳勛將軍也沒讀太多的書，都能帶領百萬大軍到處闖蕩，可說無人不知無人不曉哩！我們在山上一面工

作、一面聊天，大家夥相處的非常和諧融洽，沒料到這次
上山砍樹比以前上山砍樹要舒暢的很多！很多！」

　　轉眼之間，在山上工作快一個月了，按原先的計畫，
就要收工回隊了，班長說，剩下這些還沒曬乾的木柴，過
些時間再來搬運，不過這項工作單純，少數人就可完成，
翻譯官就不必來了。

　　我們這群伙伴完成了任務按時歸隊，沒出一點差錯，
大家都很高興，大隊長得知這趟「生產之旅」獲利豐裕
也很高興。我和勤務班的同仁們在山上同甘共苦，合作
無間，一團和氣，感到順心快意，其樂無窮！但是正當心
平氣和時，平常相處投契的大隊部的副官拉我到一旁，附
耳相告說：「你的同學近來心情不太好，有空時多去勸勸
他！」乍聽之下，感到情況不妙，可能是我的預言成真
了，急速前往探訪。他看到我來，未開言，淚先崩，讓我
感到事態嚴重，常聽到有一句俗話說：「男兒有淚不輕
彈」他必定有難言之痛。繼續追問下去，他沈痛的說：
「你上山去之後，大隊長嫌我懶散，經常罵我，而且罵得
很難聽」。這時，我有點責備的意味說：「學長呀，你太
懵懂無知了，明知山有虎，偏向虎山行，那時我一再阻
止，你不聽勸告，如照我的意圖，聽我的諍言，就不會有
今天的難堪局面了！」而今，生米已成熟飯，亦可說：
「玉已碎，瓦不全」，夫復何言！錯已鑄成，正如滾滾東

逝水，永不回返，只是這口怨氣難以下嚥，思之再三，好歹仍是同學，不得不傾力相助，俾扳回一城。

翌日傍晚時候，大隊長在房門外，坐在可搖動的躺椅上，一邊搖動、一邊哼著小曲兒，一派心曠神怡、得意洋洋的樣子，這時我在他後方的飯桌周遭度方步，內心之怨氣如泉湧，看到他驕傲的模樣，真想去搒他幾拳，以宣洩怨氣，不，不妥，這是犯法的。怎麼辦呢？同學受委屈，不能袖手旁觀呀！越想越氣，有感於魯迅的「阿Q正傳」，嘻！就拿椅子出氣吧！「砰！」的一聲我把桌邊的坐椅踢倒在地。大隊長轉頭一瞥，是否看到是我，不得而知，但是他沒吭聲，轉回頭去，繼續晃動搖椅，但是不哼小曲了。「砰！砰！」，我連續又踢倒了兩張坐椅，這時他忍耐不下去了，「翅楞！」一下從搖椅上跳了起來，指著我大聲怒斥說：「你發瘋啦！想造反嗎？」我說：「你認為呢？」他聽到我這樣回答，暴跳如雷，急忙向辦公室走去，並高聲大喊：「班長，班長！快來把李翻譯給我關起來！」臉已撕破，也顧不得那麼多了。這時我好像失去的理性，我戲謔的說：「大座忘記了我們的處境吧！現在你我都被拘禁在這個大牢中，還把我往哪兒關呢？不過你有大權，關，就關吧！人一個，命一條，看著辦！」

奇怪，過了很久，班長並沒有出現，我用激將的口吻說：「不是要關我嗎？怎麼沒動靜呢？」

　　這時，副大隊長突然間從辦公室那邊走了過來，勸慰我：「李老弟，你已替同學出過氣了，夠啦！你在山上那麼多天，也累了，去睡吧！」我說：「有罪在身，豈敢去睡？」他說：「天已晚了，先回去休息，所有的一切明天再說。」我說：「現在想向副大座說幾句心底話，如有失言失敬的地方還請多所包涵。俗話說：士可殺不可辱，假如嫌棄，大可把我們調走呀，何必公然侮辱呢？這一點我很難釋懷。」他說：「李老弟，你說的沒錯，你的情況，我全都明白，甭再說啦，忍著些，看在我的面上，就此打住，再鬧不好，快去睡吧！」我說：「感謝副大座的開導，只是這口氣太難消受了！今晚驚擾到副大座，非常抱歉，特請原諒！」

　　第二天，從早到晚一整天，迄無一點消息，難道不關我了？或者另行議處？該不會就此流產了吧！蓋天下事詭譎多變，實難臆測呀！

　　再說我這位同學，個性怪異、固執，與我的理念差異稍大，也正因此，這次他自陷泥淖，尊嚴受創，我為了打抱不平、伸張正義，曾與大隊長爭執而翻臉，險遭囚禁，他在這種極其尷尬的情況下也不好一直在這個單位再待下去了，大約半個月之後，他自請調到軍士隊去了，平心而論，這也算是較妥當的抉擇！

13. 鼠疫

　　公元1952.7.29 鼠疫病菌在富國島營區現身，驟然之間引起了一陣驚恐與騷動，因為這種病，原名叫黑死病，且無藥可治，一旦感染，死亡率很高，所以說人人自危，那時唯一的對策就是隔離醫治，能否痊癒，只有聽天由命一途，這時全營區統一規定，採行消極抵抗，也就是人員原地禁錮，嚴禁隨便走動，以求減少被傳染的機率。可是「無巧不成書」，就在這個敏感時刻，我有點發燒不適，也就被認為是可疑病例，立刻被隔離監管起來，交由醫護小組縝密檢查，結果鑑定不像是黑死病，應屬一般的感冒傷風，經過大約十多天之後，不再有新增病例，似乎穩定下來，我也逐漸復原了，而且也不發燒了，看樣子應是虛驚一場。經過總清查，在這段疫情流行期間，因病死亡者僅有一人，是否肇因鼠疫而亡，尚不得而知，所幸未釀成大災難，也算是天大的喜訊。經深切的檢討，此次疫情能輕快過關，全程管制得當，應居首功。

　　鼠疫警報解除了，管區內恢復平靜了，各部隊也開始正常操課了。

　　在這場突如其來的疫期中，可疑病例倒不算太多，我雖中的，但還算幸運，平安度過了鬼門關，可是同學們對

我非常關心，紛紛前來探視慰問，特別是患難中的契兄H.C.君，神通廣大，不知從哪裡弄來了一罐稀有珍品，給我進補並壓驚，讓我銘感五內，永難忘懷。

14. 不打不相識

　　公元1952.9.1.午後時分，大隊長出現在面前，讓我一愣，心想：該不會是秋後算帳吧!?有句俗話說：「來者不善，善者不來」，可是，作夢都沒想到他竟會屈尊就下的來邀我去對奕，奇怪耶！不久之前才為了鄙視我等相互鬧得極不愉快，而今怎麼會突然間變得如此謙和呢！語云：「無事不登三寶殿」原來他是有所求呀！

　　棋局之間，他以極溫和的口吻徵求我的同意說，他打算讓我幫忙監督大隊蒸酒的事務，他或可能洞悉我不嗜酒，由我擔任此職，損耗少，收益多，正契合他的心願。這時我忖度這個法語翻譯工作輕鬆，可說整天很少事，不啻「尸位素餐」，我和他雖存有心結，但在他態度轉趨軟化之下，也不忍心再拒人于千里之外啦，於是欣然應允，如此這般，先前那些芥蒂也就暫時束之高閣吧！唾玉集云：「……得饒人處且饒人」同時也應驗了那句「不打不相識」俗俚的真諦了，不是嗎？

　　說實在的，我在大隊部擔任這個法文翻譯，等於是

閒差事,整天都沒事幹,自由自在,其樂無窮,也沒必要再去自找麻煩的。可是,做人要講信用,我已當面應允了,就要信守承諾,常言道:「一言既出,駟馬難追」,決不能「黃牛」。第二天一早,我就去「走馬上任」了。但是,我對這個工作渾然無知,套句老家的一句俗話:「擀麵棍吹火,一氣不通」怎麼推展工作呢?正在納悶時,蒸酒大師傅,也就是廚房的伙夫,出現在我面前,他很禮貌的說:「歡迎翻譯官來指導」,我說:「豈敢,豈敢!我是門外漢,這完全要仰賴你這老師傅了!」他接著就把釀酒的過程概略給我介紹了一遍,讓我心服口服,沒過多久就心領神會了。製酒是用食米做原料,本來部隊上的官兵,整天上山勞動,飯都不夠吃,哪會有多餘的食米來釀酒呢?可是大隊部屬業務單位,出勞力的時間很少,食量不大,食米是依人頭配發的,則稍有剩餘。大隊長靈機一動,就拿它來釀酒享用,偶爾也對外沽售,所獲利潤就拿來改善伙食,一舉兩得,大隊部的同仁們對額外之福份也深感讚賞。可是時間一久,難免風聲擴散,不時有傳來的閒言閒語,多是負面的。為求息事寧人,免生枝節,大隊長斷然踩煞車,掩旗息鼓,立即停辦了。

沒過多久時間,童兵隊徵求英文教官,就把我這個閒人調到九中隊執起教鞭來了,我當老師可說是「大姑娘上花轎,頭一遭」。不過我在中學所學的英文雖然說不怎麼

樣，但是去教幼年童兵還是輕而易舉的事。當了三個多月的英文教官，也談不上什麼成就。這時部隊又要整訓，就把我調到軍事隊去當教育班長了。當軍人要唯命是從，絕對沒有個人自由的，沒二話說就乖乖的去報到了。

15. 離奇命案

在富國島的拘留營內仍保持著原來的軍隊體制，只是改稱管訓處了。各階層管訓處都設有醫院，負責官兵之保健醫療工作，總院設在陽東鎮，負責全島營區官兵之重大傷病治療。

公元1952.9.13午夜後，約兩三點鐘，陽東總院傳出有一位看護兵隻身在岸邊跳海尋短，原因不明。據說，那個看護兵名叫李H.P.。聞聽之後，甚感震驚，因為他是我們中正學校的同學，我們都是在廣西先後從軍的。於是，馬上夥同多位同伴前往一探究竟。陽東總院與營區有一水之隔，前往要先辦過河通行證。我等到達院區時，院方已對所有醫護人員下達封口令了，對此事都噤若寒蟬，一問三不知。據說此事涉及政治因素，沒人敢隨便講話，只暗示今天清晨一早，院內政工處就派人到李員住處大肆搜索，把他所有的私人物品全都沒收帶走了，至於真正原因則仍是一團迷霧。無奈向老長官求援，他也驚訝的說：「怎麼

越南富國島童兵隊操場留影，圖內右一為作者（此圖為誤植，實為165頁之附件）

會鬧出人命呢？這事有點嚴重了」。立刻起身趕赴醫院了
解，結果也無所獲。隨後，院方含混其詞的對外放話說，
因李員觀念似有偏執，經相關人員約談，輔導多次，他都
不願配合，且態度倨傲，曾與約談人員引起過激烈的爭
執。昨天是否因逃避詢問趁夜晚外出躲藏，實無法判斷，
沒想到他心胸如此狹窄，會去跳海，我等深感院方之說詞
潛存著諸多蹊蹺。一個年僅17歲的青少年，思想純潔無瑕
疵，就像一張白紙般怎麼可以對他有負面的懷疑呢？一般
來說，一個人無端被冠上一個嚴重傷害的罪名，任誰都會
反彈的。平心而論，此事應該是領導統御的的問題，更是
管教無方的最大疏漏。

　　再者，部隊雖不是家庭，但要以家庭視之，要以慈善為基礎。所以說，帶兵要帶心，當然，也要講求技巧，運用智慧，千萬不可恃勢凌人，更不可為邀功而不擇手段的去加害弱者。而今人已被逼迫跳海，歷時一整個晚上了至今仍不知其下落，依常理看，恐怕是凶多吉少。再者，世事詭譎，人心隔肚皮，善惡難辨，為了防範院方兇狠，甚或設法滅屍栽贓，皆無不可能。有言：「害人之心不可有，防人之心不可無」，我等分頭守候在河水兩岸，嚴加監視，輪流換班，不容疏漏，並下定決心與時間競賽。到下午三點鐘左右，屍體浮上水面，事實勝於雄辯，人沒逃跑，也沒躲藏，事實擺在大眾眼前，清楚的戳破了院方惡毒的謊言和詭計。

　　回溯三年多前，我們這個威風凜凜的雄師陣前失利，被迫遁入越南，法國把我們以國際戰俘視之，囚禁在北越惡劣的環境之中，我軍無法適應，病傷死亡者頻傳，法方允許南遷至富國島，仍以囚犯相待，大家同受其辱，處在同舟一命狀況下，大家應團結一致、和衷共濟、相互關愛、彼此扶持、共同努力，設法扭轉惡運，以期東山再起，不應自相摧殘。但是，事與願違，有些人為求表現不惜殘害無辜，而今人已被逼喪命，幕後主事者於心何忍，如良心未泯，應迅速主動出面懺悔，並自我譴責以安死者冤魂。

　　蓋世態炎涼，人心不古，為求私益，以不仁不義，不擇手段的方式做出傷天害理之事，實在令人感喟萬千！

　　由以上案情分析，歸納幾點看法：

（1）院方有關人員為求加速結案來表功，採取了「先射箭後劃靶」的作法，隨便定個罪名，以輪番審問，疲勞轟炸的手法逼供，讓他在難以忍受情況下俯首，結果造成他萌生「生不如死」的念頭。

（2）李兵年幼無知，實在是太糊塗了，事情已演變到這個地步了，為什麼還悶不吭聲呢？俗話說「在家靠父母，出外靠朋友」，遇到疑難問題，受到重大威脅時，在你旁邊有那麼多同儕、朋友和同學，為什麼不和他們商量一下呢？什麼原因使你走上自我了斷的道路呢？李同學啊，你這麼做，太不值得了、太愚蠢了。你受到了委屈，自認問心無愧，就去以死明志，沒有別的辦法了嗎？你有沒有想到養你生你的父母，知道你這樣的下場，會悲痛欲絕嗎？有云：「留得青山在，不怕沒柴燒」，如今你一意孤行的步上絕路，你可曾想到其結果會是如何嗎？我敢講你跳海明志，不但沒有討回你的清白，反而給污衊你的人們一個解套的機會，他們不但逃脫了因處置失當而鬧出人命的刑責，反而得到一個有力的藉口，誣指你

　　　跳海尋死是「畏罪自殺」，這樣不明不白的死，
　　　豈不太冤枉了嗎？

（3）部隊裡設置政工單位的旨意是協助維護軍隊體質
　　　精純與安全的，確屬必要。但推展起來要以愛為
　　　出發點，以客觀公正的作法去清除敗類，不應以
　　　營私利己，隨心所欲的加害他人，特別是自己的
　　　同袍，造成無辜的冤魂，何其殘酷、何其不幸！

　　那時是「草菅人命」的落伍年代，不像現在民主開
放，軍隊裏一個小兵之死就像在路上踩死一隻螞蟻般，被
認為是稀鬆平常的小事。

　　李看護是一介小兵，但人格是高尚的，他之去世，在
這被囚禁的荒島上，無處喊冤，也無處投訴，奈之他何？
蓋人死不能復生，基於同窗之誼袍澤之義，大家共商決定
於公元1952.9.14上午在營區大廣場舉行了追悼會，以追念
死者英靈，隨後將大體抬往廣場東南角山腳下安葬，爾後
伺機火化，將骨灰攜回故土安葬。再者，依我國風俗於
9月18日舉行了「頭七」9月25日「二七」，10月2日「三
七」，10月9日「四七」，10月16日「五七」，同學們多
抽空前往掉念，期其順利歸真，其後於12月19日李同學去
世100天時夥同較多同學前往焚燒冥紙以示追念！

　　公元1953年6月我們被解禁回台時，總院同學們把李
同學的骨灰攜回國土，遷葬於台灣彰化竹塘公墓，並豎立

簡陋之靈牌以誌之。

16. 撥雲見日

公元1952.11.28，司令官（也就是國軍管訓總處長，常駐在西貢）由法方派員陪同自西貢飛往金邊（柬普寨首都）機場，再換乘輕航小飛機到富國島營區巡視，並對陽東區各管訓處官兵作精神講話，以安撫官兵苦悶的情緒。

在部隊上，一般來說，上級長官下基層對官兵訓話大多都是一些炒剩飯式的嘮叨之詞，也可以說都是老生常談，早就聽膩了的老話，很少新穎精彩之處，但不管如何，長官來訓話，作為部屬的，最基本的要求和素養，就是要絕對聽從，不能不去聽，明知所講內容單調、乾燥和乏味，又起反感，但也得耐著性子乖乖的去靜聽。這裡有個特別的說詞，就是去捧場。可是，這一次訓話似乎不像往常那樣，自認高高在上的威風凜凜的厲聲厲色，像罵畜牲一般的大吼大叫，而是極為感性的吐露出身在「曹營」之無奈，他悉心講出這三年多來，一直馬不停蹄的與法方交涉，能盡早釋放我們。同時，也透過駐越領事館和地方有力人士，直接間接的游說溝通，以期盡可能打通關節，解除無期限的拘禁，能盡早把我們遣返回到自己的國土上，但是法方駐中南半島越、寮、柬三國總督兼三軍總司

令塔西宜將軍，總是找些藉口推諉，說什麼法國國會議員從中干預啦，部分議員心存恐共心態啦、此時容易挑起爭端啦等來搪塞拖延。故一直把我們凍結在此，暫不予處置。其實，他是不肯背負「縱虎歸山」之指責，才如此不理性的，令人深感遺憾！

中南半島上越、寮、柬三國之軍政事務均由塔西宜將軍負責掌管，工作之繁重、精力之勞累，應屬必然，傳聞他近期計畫返國述職，順便作一次體檢，瞭解一下健康情況，屆時職務由副帥薩藍將軍代理。據所知，薩藍副總督很通達事理，處事得體，態度溫和，與塔西宜總督迥然不同，有關解除拘禁之事，或許容易商談。但他是代理情況，未經充分授權，也不敢「越俎代庖」，除非萬一。不過就現在來看，仍是膠著狀態，沒有什麼大的改變，最後話鋒一轉，似乎「胸有成竹」的勗勉我們說：「請各位弟兄們要繼續忍耐，黑夜過後，就是黎明，我們在這裡已經度過了一千個黑夜了，黎明的曙光出現，應該不會太遠了。」

訓話完畢，各部隊分別帶離會場，這時官兵們，如同出籠的小鳥一樣，不已開心狂歡，但是有些人對演講結尾那幾句話倒感覺似乎隱含著一些不可思議的玄機在，令人引發一些遐思。譬如古聖先賢所留那些名言詞彙：「月暈而風」、「礎潤而雨」、「山雨欲來風滿樓」、宋陸游遊山西村詩句：「山重水復疑無路，柳暗花明又一村」等

等，處處顯示著無限的希望，這未嘗不會演出一場驚天動地的戲碼來吧？

嘗言：「天有不測風雲」，沒過多久，聞風而起的謠言「紛至沓來」，說什麼法國駐越督導塔西宜將軍在法國病危。常言：「無風不起浪」，這個無稽之談是真是假，無確實的管道去求證。如果屬實，對法國說，是一件最嚴重的打擊。因塔西宜將軍守護中南半島建樹良多、功績豐碩，他也是法國當代著名的大元帥之一，如有三長兩短，對法國來講，確是極大的損傷。但是對我們而言，則是一個天大的佳音，這並不是趁人之危，有意幸災樂禍，而是他果真遭到不測，很可能會扭轉我們的前途和命運，所以很自然的在內心會流露出一股「過屠門而大嚼」的快意。

噫！真的是無巧不成書，有句鄉土話：「說曹操，曹操就到了」，據轉自西貢的一則消息，法國已正式發佈報導說：前駐越南、寮國、柬普寨（高棉）三國總督兼三軍總司令塔西宜將軍因病已在巴黎逝世，此時中南半島越盟聲勢極為猖獗，隨時都會爆發動亂，法國為穩定局勢，即刻派遣法國聯邦事務部黎都諾部長接替塔西宜總督遺缺。駐該地區三軍總司令，則由原副總督兼副總司令薩蘭將軍升任，兩人協同合作專責治理該三國之軍政事務。

這次法屬越、寮、柬三國高層人事之大變動，讓囚困在異邦多年的我們有緣展望到光輝燦爛的遠景。內心裡的

感動自然充滿著無比的開懷。

　　充斥在中南半島上的越盟氣勢一直很囂張，造成嚴重的威脅，法國唯恐彼等趁此空窗期前來突襲，法國對已發佈之新首領火速布達就職，以穩定局勢。新總督上任後，我們的司令官滿懷興奮的如吃了定心丸般，這時他也迫不及待的火速安排拜會行程。這麼多午，他為解除拘禁之事，到處奔走，曾與薩蘭將軍迭相接觸，已成了老朋友，這次他高升三軍總司令，應優先前去道賀，同時也相約陪同一道去晉見新任黎總督。薩蘭將軍與黎總督在法國原為舊識，難得的巧合。新總督見到兩人聯袂前來道賀，甚為驚喜。

　　經過禮貌性的寒暄之餘，黎總督深知司令官之來意，就主動向司令官說：「有關貴部隊之問題，薩總司令已對我提過。此事確具複雜性，也很棘手，但是仍然可以透過雙邊商談解決的。請放心，我與薩總司令會盡全力協助的。」三人相聚一堂，談笑風生，可說十分融洽。較之塔西宜將軍之固執，似有天淵之別。

　　有云：「打鐵趁熱」，我方主動與法方積極的進行會商，並顧到兩方利害關係，經過多層次的細密研討，達成了一個雙方都可接受的結論，經兩方高層認可後成為共識，這項共識或可能會遭受外界的阻擾和政治的干預，擬訂行動準則和實行細則上多有注意之，細則內容概略如下：

（1）這次釋俘，事屬敏感，為免節外生枝，全部行程
　　　均採機密方式辦理，現在各營區均照常作息，不
　　　使有任何破綻發生。

（2）中方人數眾多，集體行動太耀眼，以採分批方式
　　　實施為上。

（3）為免「縱虎歸山」之忌，法方以採「中立」為
　　　佳，故遣返之事，法方不提供載具，輸運之交通
　　　工具議定由中方自行設法籌措，或租用商船。

（4）啟程時間選在法國國會休會期間為之，以防杜
　　　無謂之雜音。

（5）其他未盡事宜，隨時經兩方共同研議之。

　　為兌現約定，這時整個營區內之部隊，一如往昔，均
照常作息，對於即將解禁之事一概保持緘默，只能擱置於
心內，不可言表於外，這是上級之旨意，必須嚴格遵守，
否則，如有閃失，影響之大，將波及全體之安危。

　　公元1953.5.13.管訓總處計畫成立之菁英部隊，不因將
解禁而停頓，仍照常進行，即將各單位的青年戰士全部推
舉出來，參加總處所辦之甄試，先前已成立之軍士隊全體
隊員與營區內所有青年一同參與甄別測試，該項測試分為
筆試與口試，一連進行了三天，經過嚴格評審結果，錄取
了數百多名優勝者，組成一支獨特團隊，定名為旅越國軍
教導大隊。

公元1953.5.25.通知被取人員前往報到（我也在內）。隨後，就進行編隊，接下來就開訓了，完全仿效軍校入伍生訓練，甚或可能會超越軍校。其原因有二：第一，隊員們已參加過無數次的軍事歷練，早已是熟手了。第二，教導大隊的隊職官都是精挑細選出來的優秀幹部，而且都是文武兼備的。如此誇大是否有點言過其實，那就拭目以待吧！

營區內之高層在賦歸之前夕，還頻頻折磨這些基層小兵們。真正的原因，就是刻意讓他們心無旁騖，如此，才能把約定的秘密行動更加踏實！

17. 悲喜交織凱旋歸

公元1953.5.31.安排教導大隊出發，上級為了庇蔭行跡，前此已有一兩批次先後秘密啟航了，這是第三批次。大隊接獲通知後，在當天傍晚就上船，先由接駁小船一一送上登陸艇。全隊都上船後，並未立即開航，而是停泊在陽東外海之中，沒有動靜，原因不明。一直等到1953.6.4晚上9時才啟航。我們都被安置在艙底歇息，白天可以自由登上甲板透透空氣，每日三餐吃的都是軍用口糧，每人一份，另備有溫熱開水供應，突然變換一下口味也挺新鮮的。

我們離開了禁錮三、四年的傷心地，登上本國的艦艇，

心中除了興奮，也由然泛起一股不可名狀的舒暢感，尤其在這廣漠無邊的大海上，觀看著蔚藍的海天，心想：「再過不久，就會看到自己的國土了」。但是，屆時的心情，不知是喜呢？或者是憂，難免有「近鄉情怯」之感慨！

我們這一批次，運氣還真算不錯，一路上都是晴朗的好天氣，屹立在甲板上，遊目四周，一望無際的海天一色，如此優美的景象，倍感心曠神怡，這是我初次見到如此浩瀚的大海。幼年時，曾聽大人說：「大海大洋是無風三尺浪」，可是擺在眼前的大海卻是水平如鏡、波濤不興，只有漣漣的水紋觸動著心扉，加上輕柔拂面的海風，把我的情緒拉回到了多年前。那是一個盛夏的三伏天，天氣很熱，我坐在家們口外的榆樹根上打著赤膊托著剛劈開的半個「打瓜」，用手挖著一塊一塊的猛往嘴裡扔，吃到嘴裡甜在心裡，實在是痛快極了，正在得意忘形時，乍然聽到一個聲音：「想睏了，就到底艙去休息，這裡風很大！」啊！一味的回憶從前，竟墜入夢的邊緣而忘卻了自己正在汪洋大海的艦艇上。

我們在海上共待了10天，（其中4天停泊在暹羅灣中未動）實際在海上航行了6天，於公元1953.6.10上午抵達高雄港，到下午4時才開始上岸，一上岸就聽到一連串震耳欲聾的歌聲：「反攻、反攻、反攻大陸去，反攻、反攻、反攻大陸去！大陸是我們的國土，大陸是我們的家

園，……」。這好像是專為歡迎我們而播放的吧！這種境況瀰漫著一股濃厚的戰鬥氣氛，蠻振奮人心的。我們上岸之後，被安置在碼頭上的棚場裡面，這時上官指示，不可遠離碼頭區，因為隨時會有行動。

公元1953.6.11，第四批回國的艦艇相繼到達，和我們在同一個碼頭上岸，也被安排在鄰近的棚場中。這時人很多，把整個碼頭擠得水洩不通。好像一般傳統菜市場一樣，亂哄哄的。有過份高興的嘻笑聲、也有因雞毛蒜皮小事的爭吵聲，混雜在一起，連相互交談都不容易聽清楚，不免有點厭煩！

這批部隊突然返國，只有幾萬人，不算很多。但是，在此時此地，正需兵源之際，猶如「雪中送炭」一般，對提升士氣還是有很大助益的。

歸國這個教導大隊，人數不算多，僅數百人。可是在羈越部隊中，卻算是菁英，因為是從眾多勁旅中篩選出來的健兒。論年齡都在18到25歲之間，論教育文化程度，比一般部隊要略勝一籌。因之消息曝光後，陸海空三軍都競相爭取，這時論斷之言如雨後春筍般頻傳。有的說，教導大隊會分到陸軍官校，有的說海軍素質高，屬世界性軍旅，也積極的在爭取中，空軍一向為美式兵制，也早就著手運作了，更有人強調將來是機械化戰爭，裝甲兵司令是二公子，有權有勢，很可能就是得勝者。這些五花八門的

說詞，都有一番道理，但都是自鳴得意的揣測，可靠度存疑，聽聽就好，也不必太認真，就當他是過耳秋風吧！反正我們已經脫離苦海了，且安全回到自己的國土上，不論分配到何處，任憑當局隨便安排吧！

公元1953.6.12上午，九總隊搭火車出發了，目的地不詳，當然這麼多人來來去去的，也不需要去詳吧！午餐後，下了一場滂沱大雨，涼爽了許多。但在大雨中來了十多部大卡車，把教導大隊全體師生載往空軍大鵬基地，暫時安置在預校學生宿舍住下。翌日傳來消息說，教導大隊所有人員，暫時留在這裡待命，等候所派專人前來做甄別測試，測試完畢後再安排適當的去處。

1953.6.14通知我們，明天舉行筆試，考試的科目很簡單，都是選擇題和是非題，每節考試時間是50分鐘，時間一到，一律起立就不能再作答了。第二天上午8點開始考試，第一節是智力測驗、第二節是國文、第三節是英文。下午2點開始考試，第一節是數學、第二節是理化、第三節是史地。

1953.6.16舉行一般體檢，次日乘車到屏東空軍基地醫院做進一步的體檢。第三天作空勤體格檢查，檢查較細密且嚴格，時間也較長，一直到下午5時才檢查完畢，到此甄試全部結束。

1953.6.24測試結果出爐，計飛行16人、通校正科班3

人、通校初級班180人、空軍防空砲兵40人。

1953.6.25教導大隊長行將赴新職，臨行前，對大隊全體人員作告別談話，除勉勵大家外，並概略介紹被分發單位之情況。將要各奔前程之際，大家都依依不捨的泛著離情之淚光，場面莊嚴肅穆和感傷。

1953.6.28防砲人員搭乘空軍班機白屏東機場飛到花蓮防空砲兵學校參訓。

1953.7.3羈越部隊，自五月底開始，從富國島啟航回台，至今已全部平順到達，全國各大報今日起一連三天都刊登「留越國軍全部安全返台」的消息，另外還有一篇「四年異域辛酸血淚史」等專題報導，一時轟動了整個台灣地區。

1953.7.6吾等被分發到通校正規班之三人，心有拂意，聯名上呈報告，敘明羈越期間曾接受陸軍戰訓長達四年之久，不欲改行，希望進入陸官校繼續研修，俾發揮所長，來日為國效力，伏乞恩准。結果，教育長寧捨同情，以已分發定案，不宜更改為由，批示「所請免議」。如此一來，完全絕望了，只有任命一途了。

1953.7.11被錄取到空軍通信學校初級班人員搭乘早班火車到岡山報到入學。

1953.7.16學生總隊看到我等三人在待命，無所事事就請我三人到教育組幫忙去寫鋼板，以排遣寂寞。

　　1953.8.10空軍通信學校正規班18期新生陸續前來報到，於9月27日全員到齊了，於是就正式開始為期三個月的入伍教育訓練了。

　　我們這批苦難的人，被囚禁四年之後，才離開異域的俘虜營，來至本國的美麗寶島，懷著滿腔快意和期盼，希望在自己的國土上，稱心快意的獻出心力、服務社稷人群，何樂而不為？但是自身乃軍職，目前一切唯命是從，而今每個人都有妥善的安排，那麼就安身立命的竭盡股肱，去努力奮鬥吧！

八、步上新里程

脫離暹羅荒涼嶼，榮登渴望咱家地，
賦予厥職焉足論，竭盡心力由天意。

1. 新兵入伍

這支遠自南海而歸的隊伍（教導大隊），在羈越期間曾經過層層篩選而編成的，號稱是菁英之旅。1953年6月在高雄港登岸後，各軍種總部聞訊，皆爭相羅致，結果空軍佔了上風，於是我們就銜命直奔藍營。到空軍後，由專責單位安排了一系列的甄別測試，包括筆試及體格檢查，檢測結果，依各種相關條件等因素分發到各妥適單位培訓，諸如：空軍官、機、通、防空各校等等。

循例，各校班次在正式入學前先要接受入伍訓練，以涵養軍人氣質。提到入伍訓練，自覺不陌生，自1949年加入軍旅後，曾在軍士隊、學生隊及教導大隊，數度接受過這項磨練，可說是「識途老馬」了，這項訓練，所教所學皆屬兵事範疇，課程內容，除軍事學科、術科之外，還有

體能訓練，這種體能課程較為辛苦，如拉單槓、跳木馬…
等等，這些訓練要求很嚴格，常因無法忍受這項磨練而中
途遭到淘汰者，屢見不鮮。陸軍非常重視這些項目，可是
空軍以科技掛帥，對此並不過份要求，我本想把昔日所學
在此大肆炫耀一番的，可是，時異境遷，已無用武之地了。

2. 專業教育

公元1954.1.5入伍訓練結束，緊接著就進入空軍通信
學校接受正科班養成教育了。

空軍通信學校培訓之班次很多，除通信正科班外，還
有初級班、專修班、候補班、高級班、及各種短期之複訓
班等等，另外基於空軍急迫需要，也開設了空軍氣象班，
培訓氣象專業軍官及士官等。

空軍通信學校是負責培訓空軍所需之空、地勤通信人
員的，教材內容悉以自然科學為鵠的。施訓概分為以下幾
個階段：第一階段是先修教學，為了讓受教者能順利接受
艱深的新知起見，首先要複習一下高中時期所教過之書
本。第二階段講授普通大專院校理工學系科之各種課程。
第三階段就正式進入正科班特業科目之領域了。這一階
段也是通校正科班之核心，教授課程種量之繁多，可說不
一而足。總之，凡與電有關的學術均涵蓋之。諸如：無線

電、有線電、電腦、雷傳等；助航方面如歸航、導航、無
線定位等；探測方面如雷達、雷射、無線電追蹤等；輔助
設備如內燃機、電動機、發電機…等等。名目之多，不勝
枚舉。凡此等等，皆為輔佐空軍遂行作戰任務而設定，因
之，通信學校所教所學，均與空軍作戰息息相關，密不可
分。尤其近代，通信科技之神速進展，逼使空軍通信技術
快速攀升，通信設施也隨之不斷更新，對強化空軍戰力益
形重要。第四階段是實習，同學們在課堂上所學的理論，
不見得全然領悟，難免仍潛存著些微疑惑，這時在實驗室
就可一一驗證之。下一步，再到實習工廠，由同學們親自
動手操控，讓理論與實務相互印證，以達學用合一，融會
貫通之目的地。

　　通信學校正科班之最高要求是培育全能的通信人才，
不但通曉理論（軟體），而且還要熟稔操控與維修（硬
體），俾爾後正式擔綱領導、指揮、或實際站上第一線從
事操控作業，都能得心應手，運用自如。

　　光陰如白駒過隙，剎那間，九百多個晝夜經已漏盡，
學校養成教育告了一段落，各位同學在悠揚的驪歌聲中，
依依的踏出了相處兩年半時光的校門，抱著愉快的心情，
拖著沈重的腳步走向職場。

3. 分發部隊任職

依軍事學校之規定，畢業離校之新鮮人，先要分發到各相關部隊見習三個月，然後再行酌予派職。我在空軍通信學校畢業後被派到空軍第四通信中隊見習，尚未派職，這時空軍總部就推出新的構想，又把我們這群剛見習期滿的生力軍，悉數調返空軍通信學校接受塔台管制官班複訓儲用，結業後回原單位待命。

1956.9.29.派我到東石靶場擔任航行管制官。

1958.4.17.空軍計畫籌設防空飛彈部隊，再被派赴空軍通信學校接受基本電子班訓練，後來因美軍建議，防空飛彈應設在陸軍較佳，因之，這項如意算盤就胎死腹中了。

1961.7.1.又調回空軍第四通信中隊無線電分隊任通信官。同年，12月1日，改調原單位工務部門擔任無線電修護工作。

1961.6.1.又調到原單位維護補給分隊任職。

1962.11.1.擢升為原單位機務長。

1964.9.1.遴派到空軍指揮參謀大學中隊軍官班接受為期三個月的進修教育。

1967.12.1.空軍通信部隊奉命擴大編組，將空軍航行管制大隊併入，成為空軍通信航管聯隊，下轄各通信中隊相

應一律改編，把我調到空軍第四通信航管中隊維護補給分隊，擔任通信裝備機務長。

　　1968.8.1.晉任原單位維護補給分隊長。

　　1971.8.30.奉派進入三軍大學空軍指揮參謀學院61年班，研修空軍戰略戰術訓練，為期十個月。

　　1972.7.1.奉派到空軍第七通信航管中隊擔任副中隊長。同年10月1日改調空軍第三通信航管中隊任副中隊長。

　　1973.10.1.調派前線戰地空軍第九通信航管中隊任中隊長。

　　1974.10,16.任期屆滿，奉調空軍通信航管聯隊後勤組擔任副組長。

　　1975.7.16.由于臨時發生特殊情況，無預警的又把我機動的調到空軍第十通信航管中隊接任中隊長。

　　1976.3.1.調派空軍第二通信航管中隊擔任中隊長，自認對通信業務瞭解稍豐，常被視作救火隊，到處應援，以致調動頻仍，既為軍人也勿須置辯，但新建寒舍落成，有必要自請北調以安家室。

　　1977.10.16.奉准調至台北通信中心擔任無線電課課長。

　　1978.8.1.部隊改編，奉調台北通信大隊無線電中隊擔任中隊長，同年10月16日奉調通信科科長。

　　1980.03.16.轉調原大隊後勤科科長。

　　1980.6.16.奉空軍總司令核定，指定派我到國防部參謀

本部計畫參謀次長室第一處接掌研究發展、管制考核業務。

　　1983.8.1.奉核定調任國防部參謀總部計畫參謀次長室第一處任副處長。

　　1985.1.1.限齡退休，解甲歸田。（附退伍令一張）

4. 戎馬鴻爪

（1）入越國軍軍官教育大隊學生隊結業，

（2）空軍通信學校正科班18期畢業，

（3）空軍通信學校塔台管制官班一期畢業，

（4）空軍通信學校基本電子班二期畢業，

（5）空軍嘉義基地管理督導訓練班結業，

（6）空軍訓練司令部英語訓練班完訓，

（7）空軍指揮參謀大學中隊軍官班畢業，

（8）三軍大學空軍指揮參謀學院正規班61年班畢業，

以上畢業憑證縮影本均如下列8張：

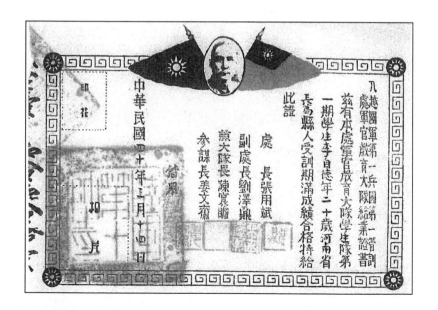

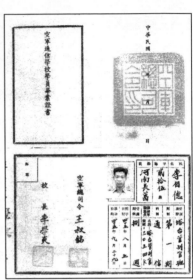

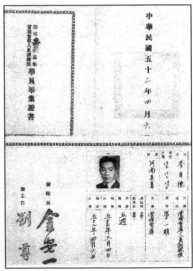

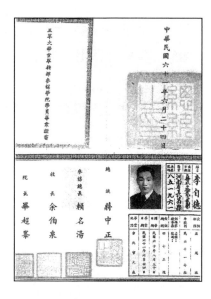

5. 汗馬勞績

（1）忠勤勳章

（2）壹星忠勤章勳

（3）空軍楷模乙二獎章

（4）空軍懋績乙二獎章

（5）空軍楷模乙一獎章

（6）空軍楷模甲二獎章

（7）空軍楷模甲一獎章

（8）空軍懋績甲二獎章

（9）空軍懋績甲一獎章

（10）空軍飛虎一星徽楷模甲一獎章

（11）空軍飛虎一星徽懋績甲二獎章

（12）國防部服務紀念章

以上勳章、獎章、紀念章之證書及執照縮影本共12張如下：

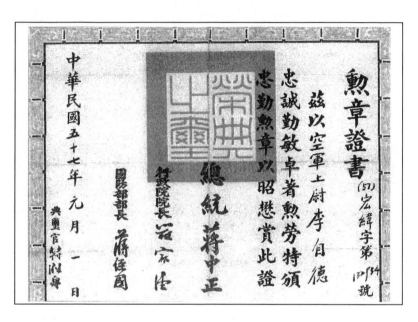

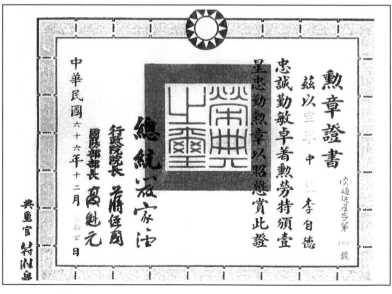

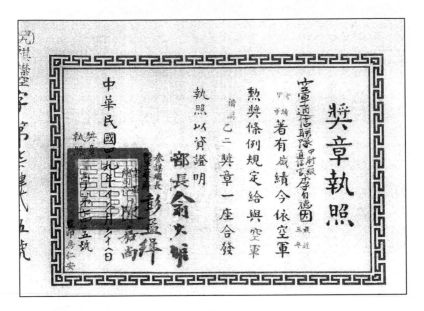

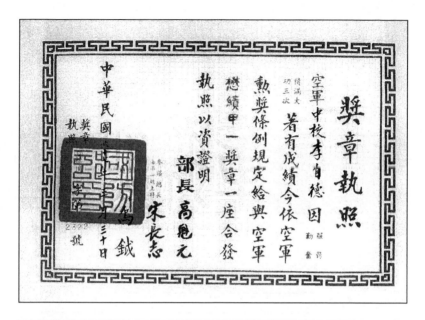

6. 退休後之榮耀與感泣

　　離開軍營後，無事一身輕，就開始過著「閒雲野鶴」的生活了，但頓覺體力尚未盡衰，不能每天「坐吃山空」。這時適遇一出租小汽車業者，有二手計程車出讓，自認駕車嫻熟，立時動了念，即行購入。有感於孫中山先生所說：「人生以服務為目的」，立意為大眾輸運服務事業盡一點心力，這項工作表面上說有失身份，故有人善意勸阻，但也有人鼓勵讚羨。不論如何，這是一椿自由自主的事業，靈感來時開車兜上幾圈，也有一些代價收入，何樂而不為？厭倦或精神不濟時，就停下來伸一伸懶腰，或索性睡他一覺，豈不更愜意。

　　未幾，中山科學研究院招募企畫人員，意在網羅類此剛下崗不久之「識途老馬」，因其工作熟諳，經驗豐富又經濟。經過甄試後，幸被選中，就正式上任了，每天按時上班，下班後（含例假日），繼續為大眾服務，一舉兩得，心安氣順，不已快哉！

　　可是世事多變，風雲詭譎，連作夢都不會想到的事居然發生了。台海兩岸原本相互仇視，冰封了數十年，忽然之間緩和了，冰溶了，並於公元1989年宣布開放老兵返鄉探親，噫!?這件事之出現，是喜呢？抑或是憂呢？晤違

故鄉長逾半世紀之久，實在不可思議，何其慘忍？何等感
受？「胡馬依北風，越鳥朝南枝」！禽獸尚戀舊，豈能無
感乎？鼎沸之歸心猶如飛矢，立即辭去要職，排除萬難，
直奔故園，怎奈滄海桑田，家破人亡，傷心慘目，一派悽
愴。這是一幕人間大悲劇，太殘酷了。此種情境，悽慘悲
涼，痛心疾首，難以忍受，惟未列本書敘述，是為缺憾！
但是本人不日將會以另集細陳之。

第二章

詩文草

一、被囚禁越南期間之感受詩 （含新舊打油詩共30首）

1. 羈旅

1952.2.15於西貢、頭頓[1]

他鄉三載如千秋，覽鏡才知白了頭，
異域不亞牢中苦，何以無端作楚囚。

2. 迷惘

1952.8.26於越南富國島[2]

夜深人靜雨潺潺，晚風強勁掀窗簾，
夢裡不知身在外，醒來仍困暹邏灣。

---

[1] 西貢，今胡志明市。頭頓為胡志明市一海角避暑聖地。
[2] 暹邏灣中一小島屬越南管轄。

3. 七夕吟

1952.8.28於越南富國島

細雨連綿風淒淒，牛郎織女在嘆息，
約期已到難相會，銀河兩岸淚濕衣。

4. 悼念

1952.9.21於富國島陽東橋[3]

難耐誣陷投海亡，行經此橋就心傷，
何事釀成以身殉，雙親聞訊哭斷腸。

5. 午後

1952.12.16於越南富國島

輕風拂面日當空，百無聊賴倦怠生，
南國初冬寒意少，斜依欄杆入夢中。

---

[3] 陽東為富國島小鎮之一。

6. 憶往

1952.12.17於越南富國島

羈旅異域逾三冬，懷舊情愫與日增，
猶憶昔日踏青時，結伴山邊拾落英。

7. 海邊

1952.12.20於越南富國島

夜色朦朧黃昏後，新月嬌羞臉半露，
漁舟點點如星辰，海風不起浪濤瘦。

8. 污濁

1953.2.25於越南富國島

現世像個臭水池，長此以往會窒息，
最好換個新環境，試問哪有清淨地。

9. 雜感

1953.3.5於越南富國島

夜深人靜月光冷，浮雲飄盪涼風生，
荒野隻影靜作伴，椰子樹旁看流星。

10. 離愁

1952.3.8於西貢、頭頓

夕陽西下夜色深，風送花香欲銷魂，
山頭笛音揚高調，池畔簫聲弄低沈。
昔日嚮往南國美，如今懷念故鄉親，
月明星稀棕櫚樹，離鄉背井流浪人。

11. 炊房夜景

1953.12.3於越南富國島

蒿油繼暑逾深宵，千絲萬念心中燒，
斗室寂靜燭光冷，曠野風平蟲聲囂。
燕雀築巢喜事來，遊子臥薪厄運到，
殘燭將熄孤影散，庖丁心寬鼾聲高。

12. 夜思

1952.3.21於西貢、頭頓

晚霞送清風，獨步蔓草中，
新月孤影斜，往事油然生。

13. 海濱

1953.12.3於越南富國島

深秋黃昏後，風平浪濤瘦，
孤雁鳴悽切，挑起心中愁。

14. 懷念

1953.12.3於越南富國島

遙望故國土，引發心中苦，
漣漪起鄉情，雙親今何如？

15. 不智

1952.9.21於越南富國島

哀哉小同鄉，陽東橋下亡，
明志方式多，何必拿命償。

16. 哀傷

1952.9.21於越南富國島

路過管訓處，想到李看護，
無端跳下海，究竟是何苦。

17. 迷路

1952.12.18於越南富國島

天色已垂暮，營區一片霧，
原本從此來，忘卻回去路。

18. 夜遊

1953.2.26於越南富國島

春風挾寒意，月光洒滿地，
戶外漫步走，獨享夜空氣。

19. 思念

1953.3.4於越南富國島

獨上小橋頭，懷念老朋友，
臨別言未盡，有倖再敘否？

20. 沈寂

1953.3.31於越南富國島

夜靜塵囂息，水平浪花低，
雲散天際遠，月明星辰稀。

21. 陰險

1953.4.20於越南富國島

順逆難預料，必定有蹊蹺，
笑臉來相迎，背後藏把刀。

22. 思親

1953.4.22於越南富國島

身羈南海灣，日夜想家園，
高堂可安康？無時不惦念。

23. 落葉

1952.2.15於西貢

樹上的葉子，

經過風吹雨打，

掉落滿地，滾到溝裡，

隨小溪飄到大海，

浮在水面上遊戲，

忽然間

雷電交加，

夾帶著

驚濤駭浪，

狂風暴雨；

可憐的落葉呀，

如今

你在哪裡？

24. 夜行人

1952.8.16於越南富國島

漆黑的夜晚，

看不到月光，

周遭陰森得可怕，

大地一片茫茫；

風在怒吼，

雲在發狂，

雨在傾洩，

樹在搖晃，

鳥歸巢，

獸躲藏，

冷靜的黑夜裡

一個孤影

在雨中遊蕩，

不知他要到何方。

25. 雨夜

1952.6.29於越南富國島

六月的風，
吹向南國的島嶼；
連綿的雨
在戶外斜織，
簡陋的茅草屋
佇立在夜幕裡，
屋簷滴下的雨點，
把沙地變成水池；
一個孤單的身軀，
輕盈的依靠著竹籬，
仰望著天空凝思；
陣陣輕風細雨，
把他推進夢裡⋯⋯
是個初秋的夜晚，
小雨淅淅瀝瀝，
在暗淡的燭光下
全家人聚在一起；
為了遠走起了爭執，

結果是
他得到勝利。
或許
命運在作弄
抑錯估了情勢？
目前是
身陷囹圄，
形同奴役，
他，
依然在那裡追憶⋯⋯
猛然一記悶雷
把他從夢中驚起，
室內萬籟俱寂，
室外下著細雨，
在沈痛中他似在啜泣
雷電的閃光，
反射到他的臉上，
不知是淚，是雨？

26. 陽東橋

1952.12.7於越南富國島

BON JOUR[4]，陽東老橋！

高壽了？

Je ne sais pas.[5]

沒關係，

不過，

衷心感謝您。

因為有您在，

留越的人兒不用涉水趕集。

＊＊＊＊

橋下水流湍急，

水中魚兒嬉戲，

漁舟次第出航，

遊艇經常相遇。

岸邊有克難茅舍，

遠處有山巒隆起。

---

[4]　法語。
[5]　法語。

雖是荒島僻地，

但有華人在此住居。

＊＊＊＊

不幸的事發生了，

老橋那邊，

有位醫務戰士，

一躍沈入海底，

Pourquoi[6]？

看破紅塵？或有冤屈？

Penser[7]。

未免太傻了，豈可拿命當兒戲？

家中雙親得知愛兒的訊息，

必定會逾恆哭泣！

＊＊＊＊

兀立橋頭，

瞅向海底，

但見水流潺潺，

不見輕生者痕跡。

海風拂面來，

滿懷是悲戚。

---

[6]　法語。

[7]　法語。

＊＊＊＊

陽東老橋呀！

跳海者已殞命，

沒人怪您，

可是，從今以後，

走在橋上的行人，

再也看不到這位人士！

27. 無題

1952.12.8 於越南富國島

黃昏的氣息，
從山邊升起，
頓時，
大地上失去了清晰。
周遭變得陰暗
萬籟了無聲息，
遠方彷彿有個身影，
依靠著池畔竹籬。
他，
臉孔模糊
似在啜泣，
想家嗎？
懷念往事？
朋友！
看開點，
別再折磨自己。

28. 遐思

越南富國島
1952.12.9 於

蜿蜒的山澗，
輾轉流到河裡，
沿途上
清除了不少骯髒東西。
澗水啊！
拜託，拜託！
能否把人世間的
煩、憂、苦、詐、貪……
一併清理，拋到大海裡！
讓天下：變得友善、生動、有生氣，
且，清淨、詳和、安適、有序……
宛似走入「桃花源」裡。

29. 怒火

1953.1.13 於越南富國島

浮雲飄在南國的天際，
碧海圍著孤獨的島嶼，
一群退居異邦的精壯勁旅，
被困在這蠻荒之地，
衣食無著，行受限制，
朝露夕霧，侵蝕骨肌，
「胡馬依北風，越鳥朝南枝」
禽獸尚懷舊，
人豈可無知？
怎奈，
法軍嚴監管，
插翅也難飛，
仰天長嘯，
希圖歸期，
怒火不停燒，何時能止熄？
朋友們，準備行動！
一聲令下，
衝破「巴士底獄」。

30. 打油詩

1952.6.29 於越南富國島

太陽落下山，　　　　　坐下很無聊，
黑夜來接班，　　　　　站起又心煩，
月亮不露頭，　　　　　新愁加舊恨，
烏雲佈滿天，　　　　　一齊到眼前，
宇宙如穹廬，　　　　　佛曰心放開，
污濁塞中間，　　　　　凡事都是緣，
風兒睡著了，　　　　　煩悶拋腦後，
樹枝不動彈，　　　　　萬事都平安，
走到屋門外，　　　　　趕緊入睡吧，
立刻又復返，　　　　　打油來催眠。

二、流亡、回鄉及退隱後之感懷

1. 流亡悲歌

1949.4.5 於江西青原山

中州板蕩校南遷，寄居江西一名山，
寺廟急忙配房舍，坊間倉卒供飯餐，
追兵擊鼓往前衝，守軍鳴金向後轉，
黎民頻遭池魚殃，胥濤嗚咽震地天。

2. 流亡感懷

1949.7.8 於桂林漢民中學

負笈從師旅途艱，流落廬陵青原山，
寺院僧尼供住居，地方士紳獻碗盤，
驚濤拍岸天塹顏，烏雲罩頂釁宇坍，
離鄉背井缺資源，沿門托缽度難關。

3. 流亡南國

1949.8.15 於廣西桂林七星崖

隨同學校往南行，地點概訂在盧陵，
寺中和尚現慈悲，民間善士表同情，
晴天霹靂黌舍倒，波濤洶湧天塹崩，
舉目無親失依靠，拉棍要飯度殘生。

4. 賦歸吟

1992.12.31 於台北市寒舍

離開故鄉四十年，臨行焉知不能還，
早知一去難復返，慎慮隨校到江南，
如今已成孤哀子，父母恩情永難還，
身羈海外無歸期，自我宿命不怨天，
五味雜陳說從頭，欲言熱淚洒胸前，
原本出外為求學，豈料一夜變了天，
抱著課本難充飢，無奈向人去乞憐，
到處乞討臉無光，後來棄學入兵團，
沙場征戰拼生死，上陣不分後和前，
蒼天庇護保老命，沒有馬革裹屍還，

戰場失利遁異域，成為俘虜困越南，
臥薪嘗膽圖再起，枕戈待旦勤操練，
國際情勢難捉摸，驟然開禁送台灣，
舉目無親作馮婦，一待就是萬餘天，
兵眾苦悶難排解，各種悲劇頻出現，
高層領導突頓悟，人性為上開了監，
兩岸冰封半世紀，放行老兵回家園，
如果台海早啟封，減少枯骨埋荒山，
開放探親算德政？老淚縱橫悲或歡？
骨肉親情難割捨，終於有望再團圓。
失蹤一萬五千日，誰信還會在人間，
家人聽說人沒死，興高采烈不成眠，
飛鴿傳書頻頻催，趕快返鄉見個面，
真情流露誠感動，整裝上路馬加鞭，
辭掉工作返鄉行，重溫兒時舊庭園，
物換星移如隔世，滄海桑田全改觀，
日月星象依然在，不見高堂舊容顏，
整修墳墓表孝思，庶幾了卻兒心願，
村民聞訊咸相晤，天南地北今和前。
長期未晤話語多，兒女情長講不完，
親故耳語如泉湧，不乏訴苦和抱怨，
四十年來積的怨，一起清倉往外端，

回鄉探親乃喜事，不應讓我哭喪臉，
有句俗話說的好，那家灶火不冒煙，
清官難斷家務事，互相忍讓路才寬，
早知隔閡那麼深，不如不歸不相見，
為了返鄉辭了職，如今清閒望青天，
安逸生活不去過，為啥自我找麻煩，
裂痕精修難如舊，不再孳長稍舒展，
雖憾畢竟是老家，堅此百忍樂團圓，
人生之路太崎嶇，陽關大道很少見，
跋山涉水南北行，巧遇曠世大爭戰，
兵荒馬亂無寧日，舉國上下不得安，
心向老家歸不得，一拖就是幾十年，
如今烽火緩和些，開放遊子回家園，
返家原本是好事，有人家毀無處還，
往昔曾讀詩三百，「回鄉偶書」這一篇，
作者唐朝賀知章，好像描寫我一般，
『少小離家老大回，鄉音無改鬢毛催，
兒童相見不相識，笑問客從何處來』
今日讀來感慨多，滿腹辛酸淚潸潸，
甭說兒童不相識，當年玩伴認不全，
往日壯志東逝水，潦倒一生乏貢獻，
香煙接續稍稱意，聊感安慰消遺憾。

5. 八十小唱

2010.2.27

負笈從師路維艱，長途跋涉度關山，
豪情壯志如朝露，轉瞬已過八十年。

6. 八秩感言

2010.2.28 於台北市

人生如寄旅途艱，披星戴月萬重山，
青雲之志東流水，懵懂虛度八十年。

7. 生日感言

人之誕生是喜慶，適度歡樂勿放縱，
勸君莫忘這一天，慈母當時在搏命。

8. 無題

山中常遇千年樹，世上少見百歲人[1]，
須臾穿透八十載，回頭檢視這一生。

9. 領悟

少壯雄風水流東，光陰蹉跎馬齒增，
回顧往事雲和霧，一一盡付笑談中。

10. 感慨

晚風拂面登高樓，戎馬一生水東流，
或謂宿命不由人，萬縷青絲成白頭。

---

[1] 節錄昔日賢文。

11. 台北101大樓

2008春節登樓參觀

近看不覺高，遠眺入雲霄，
登臨觀景台，如懸半山腰。

12. 台北地標101

翹首向上觀，像根升旗桿，
進入望景台，宛似在泰山。

13. 遠眺101

抬頭往上瞧，不覺樓層高，
遠處望過來，卻似入雲霄。

14. 老邁

2011.10.12台北市

韶光已遠颺，青絲變成霜，
晚霞雖然美，無力去欣賞。

三、其他詩文

1. 落第

1992.7.20 台北市

應試考生十多萬，及第不到三成三，
既然無法全上榜，索性咱家來讓賢。

2. 慰勉考生

1993.7.15 台北市

升學之門相當窄，成功失敗難臆測，
考中應屬雀躍事，落榜不需太自責。

3. 勉勵

1993.7.30 台北市

屢試不中時常見，不應尤人或怨天，
應加檢討再努力，不信機會不出現。

4. 胡謅

錢多事少離家近，公休事假照支薪，
睡覺睡到自然醒，遲到早退沒人問。

5. 莫愁詩

原詩　作者不詳

人生在世一蜉蝣　轉眼烏頭變白頭
百歲光陰能有幾　一場扯淡沒來由
當年楚漢今何在　昔日蕭曹盡已休
欲飲酒時須飲酒　青山偏會笑人愁

6. 拙批

人生在世一蜉蝣　轉眼青絲變白頭
百歲光陰瞬間過　一場戲劇即時收
蕭曹昔日傳佳話　楚漢當年爭不休
相遇當飲直須飲　莫教青山笑人愁

第三章
家信

一、緣起

　　打開我國史冊，綜觀各朝各代，很少見到太平盛世，幾乎都是戰亂，打打殺殺，你爭我奪，十足是一部戰爭史，每每弄得民不聊生，雞犬不寧；好不容易專制王朝被推翻，順應世界潮流，實行了共和，本該可以過一段舒適安穩日子的，那曉得野心家們依然不甘寂寞，猶如惡犬爭骨般誓死不共戴天的爭霸，結果是烽火連天，山河為之撼動。就以不太遠的近代實例而言，單純的鬩牆糾葛，竟釀成台海兩岸無謂的冰封了四十多年，何其荒唐，何其詭譎！如此一來，台灣和大陸成了敵人，成了冤家，更離譜的是雙方都關閉了大門，彼此不相往來，也不准接觸，實在是可笑又可恨，就這樣一拖就拖了幾乎半個世紀之久，實在是不可思議；在此值得一提的是，前此被滯留在這裡的一大批無辜同胞們卻遭到了池魚之殃，而今他們隨著流光之飛逝，都已老邁龍鍾，漸次凋零，因門戶之封閉，家鄉音信全無，思鄉懷舊之心鼎沸，落葉歸根之念澎湃，鬱悶情緒難耐，以致心神恍惚，行為失常，甚至有因萬般想不開而走向輕生之路者時有發生，這種傷痛悲慘的場景不

已令人鼻酸，直到80年代中期，隨著世代更遞，當權者豁然頓悟，摒棄硬拗，改以族群團結為上，以大我為著眼，並以眾生為念，以人性為重，遂推行了「三通」，開放了「老兵探親」，才和緩了長期的僵局，阻遏了人類悲劇之繼續蔓延，也化解了數十年久積的仇恨，否則，這群孤臣孽子勢將全要埋骨他鄉了。

以下是台海兩岸久經冰封，尚未解凍之前至融冰開放之後（公元1985年到2004年之間），本人透過各種管道，有明、有暗、直接或間接寫回故鄉老家的一些信函，今就數百封往來信件中，單就去信部分，以發信時間之先後，概略蒐集了一小部分，其內容悉為家私瑣事，無廣佈之價值，且由於受信對象不一，其中重複贅述之處頗多，讀之乏味，形同嚼蠟，僅供家人參考耳！

我寫這些信函也都有回音，（略）由于家人文化水平較低，回覆信件多請人代筆，諸如：建堂老師、路海賢達等，尤其是建堂老師執筆者最多，本人在此一併申致感謝。

二、本文

父母親大人膝下：

　　屈指一算，我離開家鄉已經是三十七個年頭了，在這三十七年當中，對家裡的每一個人，時時刻刻都在惦念著；以往這段漫長的歲月，懵懵懂懂的，就像一場惡夢，且在夢中常會見到往日的一切，但醒後卻更增思親與懷鄉之情，怎奈受時空環境之影響，惟感遺憾耳！目前我身處海外，一切尚佳，請勿為念！

　　　　謹此　專祝

福安　並請代問

全家大小及村上鄉親們都好吧！

　　　　　　　兒自德（喜全）叩上 1985.11.25

〔注釋〕：

　　一般來說，書信是用作傳遞兩地間消息的，可是西元1949年到1988年這一段時間內，台灣與中國大陸是不准信件往返的，否則，後果不堪設想。

　　這封信是我離開大陸老家38年之後，第一次試探性的寫給雙親的簡單問候信，而且是冒著極大風險，委由摯友之親信，經過長途跋涉，輾轉傳送的。

　　民國37年底（西元1948年）我在河南鄭州就讀高中時，由於兵荒馬亂戰火不斷擴大，隨校南遷之後，就中斷了與家鄉的聯繫，不是故意不聯繫，而是不能聯繫，不准聯繫，也無法聯繫，說實在地，也不敢聯繫，因為那個時候，局勢異常嚴峻，國共兩大陣營，隔海對峙，挑釁叫罵，相互醜化，相互攻訐，並相互仇視，同時集結重兵，分據台海兩岸，形成一道堅固的政治藩籬。當時，所謂之「鐵幕」、「竹幕」就是對此而言的。那時，當權者明令禁止兩岸任何形式的私人接觸和聯繫，如違禁，就認定是間諜或通敵，不論何者，罪刑都是很重的，一旦被發現與對岸有聯絡形跡，不分青紅皂白，一律以間諜或通敵罪論處、輕者禁錮，重者處死，所以，沒有人膽敢以卵擊石，而且也無妥適門路，如循正規途徑行之，必被疑為企圖通敵，則等於是自投落網，結果更糟。

　　西元1985年，一位小同鄉，也是上初中時的學長（在校時並不相識）曾經由其快婿乘派往中東地區從事農耕援外工作之便，把信秘密攜往海外，成功的從約旦寄回家中一信，他私下探詢我的意向，「大旱之望雲霓」，千載良機，豈容錯失，但竊喜之餘，也充滿了矛盾，因為風險很大，一旦敗露，後果無法逆料，同時也擔心家人之安危，開放之前，兩邊情況類似，家中有異議份子在外，必遭批鬥，如何取捨，徬徨不已，後經沈思，已潦倒半生，流離了一世，而今，行將就木，夫復何求？況且世間事難兩全，是以決定豁出去啦！唯一的奢求就是能夠讓至親了然我目前尚苟活在人間，此願足矣！

父母親大人，

　　1985.11.25在一個偶然的機會裡，託一位友人自約旦王國寄回一信，不知收到沒有？念甚！今後如時間允許，我會陸續托這位友人寄信回去的，假如您們有信給我，請照去信上之地址，用普通平信投郵，我的友人就會把信轉給我的。

　　　　餘容後稟　專祝

玉體康泰　並請問候

表哥王水成

　　　　　　　　　　兒自德（喜全）稟 1986.2.28

〔注釋〕：
1. 第一封信久無反應，再次發函
2. 此信經由約旦發送

喜全吾兒,

　　來信收到,已知你在那裡一切很好。

　　轉眼之間,你離開家鄉已三十八年了,在這三十八年中,朝思暮想,時刻盼望,久久思念,不能相見,喜接來信,如同見面,知道你在那裡一切尚佳,全家放心了。目前您娘俺倆還能顧住自己,福全(黑子),兩男三女,周全(小周)兩男四女,你的親生女兒保雲已三十多歲(是你走後一九四九年三月生的),總之,全家一切平安,望切切勿念。

　　祝　平安

　　　　　　　　　　　　父 李江水 1986.3.6

〔注釋〕:
1. 此信是三弟周全用家父名分請鄉賢李路海先生代為書寫的
2. 原信如影本。
3. 此信先郵寄約旦,再由友人秘密攜到台灣的。

喜全吾兒：

　　來信收到，已知你在那裡一切很好。

　　轉眼之間，你離開家鄉已三十八年了。在這三十八年中，朝思暮想，時刻盼望，久久思念。不能相見，喜接來信，如同見面。知道你在那裡一切尚佳，全家放心了。目前您娘俺倆還能顧住自己。福全（黑子）兩男三女，周全（小周）兩男四女，你的親生女兒伴雲已三十多歲（是你走后一九四九年三月生的），總之，全家一切平安，望切切勿念。

　　　祝平安

　　　　　　　　父李鹽水

　　　　　　　　一九八六年三月六日

喜全兄，你好：

　　久別甚念，肺腑思兄，不能相見，喜聞來信，如同見面，悉知你在那裡一切尚佳，心已放下，祝你萬事平安，望速回音。

　　　　祝　平安

　　　　　　　　　　同鄉 李路海
　　　　　　　　　　表妹 張玉娥 1986.3.6

〔注釋〕：
1. 原信如影本。

喜全兒：

　　你好！

　　久別甚念，肺腑思兄，不能相
見，喜聞來信，如同見面，悉知
你在那裡一切尚佳，心已放下，祝
你萬事平安，望速回音

　　　　　　李路海（同鄉）
　　　　　　張玉娥（張營表妹）
　　　　　　一九八六年，三月六日

父母親大人，

　　拜領三月六日庭訓，內心之快慰，無以名狀，有云：「逢火連三月，家書抵千金」，這幾乎是半個世紀的歲月，其價值該不知如何去權衡了。回憶過去這段漫長的日子，如夢似幻，恍若隔世，個中情節實非三言兩語可罄，爾後當伺機細稟，惟這大半生的時間未能善盡為人子之道，至感疚愧，因之，兒目前之心情極端複雜，似有滿腔欲訴的離情，但不知該說些什麼？也不知該從何說起，躊躇之餘，還是先多瞭解一點家鄉的情況吧！因為長期之隔絕與分離，對家鄉的事情益覺親切，縱然是一草一木，一磚一瓦，都感到是新鮮的，所以殷切希望能將家中目前生活情況以及家人動態等盡可能示知，並請寄張照片來，藉釋懸念！

　　　　祝
康泰

　　　　　　　　　兒 自德（喜全）上 1986.11.13

〔注釋〕：
1. 首次接到家信後之覆函
2. 此信經由約旦發送

父母親大人：

　　去年底寫回去的信，不知收到沒有，念甚！

　　闊別三四十年之後，經過多方努力，尋求各種管道，能夠看到殷切企盼的家信，是多麼高興啊！目前由於環境與時空限制，信件之往返依然費時，在時程上往往會很久很久，這是不得已的事，請原諒！

　　以往這段分離的時間，兒無一日不再惦念著親人，無一刻不在懷念著家鄉，而今總算聯絡上了，讓我在有生之年能向您二老請罪與表示疚愧，該是何等開懷！兒目前已違父命成家，育有三男一切生活情形尚佳，請勿為念。至於詳情容後一一細稟！在此不贅！謹寄上美金200元聊表思念之意。

　　再來信時請將家人之動態盡可能詳為告知！今後來信時請照去信上地址儘速回復，惟勿用掛號信投寄，以免滋生困擾！

　　　　謹此　崇祝

玉體安泰　並代問路海兄、玉娥表妹

　　　　　　　　　　兒自德（喜全）上 1987.7.31

〔註釋〕：
1. 構成聯絡後首次匯款回家之信函
2. 此信經由約旦發送

福全大哥：

　　快四十年不見面了，好像一場惡夢，記得在我離家去鄭州上學時，您的長子林漢剛會走路，爸爸常常帶著他玩耍，「含飴弄孫」之畫面多麼美好！當時我為了求學不得不長途跋涉，遠離可愛的家鄉。那曉得這一別竟長達四十年？太可怕了，太不可思議了。早知如此，恐怕就不會有今天之生離場面。蓋時勢使然，非心願也！這其中情節非三言兩語可罄，惟留待以後慢慢再說吧！現在我內心感到極為歉疚的是父母生我、育我，尤其在家境極度困苦情況下還送我去受教育，而我竟丟棄家庭而不顧，孝道何在？責任何在？這不但愧對父母，且有負於兄弟之情。所幸您與大嫂、三弟與三弟媳均在家共同伺候雙親，弟由衷感激之至。

　　最後為紀念長期分離後能夠得到聯絡，謹寄上美金100元聊表微意敬請笑納！

　　　　匆此

　　　　餘容後談　耑祝

全家平安

　　　　　　　二弟 自德（喜全）1987.07.31

〔註釋〕：
1. 這是與家構成聯絡後首次匯款給大哥之信函
2. 此信經由約旦發送

周全三弟：

　　不見面近四十年了，這期間像一場驚恐的惡夢，實在不可思議，在這段漫長的日子裡，無時無刻不在思念著可愛的家和親人，思念之殷，無法言喻。而今，無論如何，總算取得聯絡了，未始不算是一件牽強的喜事吧！目前父母的健康如何？家境如何？盼來信告知，藉釋遠念。

　　記得我離開家時，你的長女似在襁褓之中，當時，全家都很高興，因為我們家中有了第三代，大哥有一個男孩兒，你有一個妮兒，只可惜我不爭氣，竟交了白卷。

　　我這一生對家未盡到絲毫應盡的責任，歉疚萬分，所幸你與大哥均在家鄉，共同侍奉雙親，我心稍安。

　　最後，隨函匯上美金100元作為闊別四十年後首次完成通信之紀念吧！紙短情長，就此擱筆，餘容後談。

　　　　祝

全家平安

　　　　　　　　愚兄自德（喜全）上 1987.07.31

〔註釋〕：
1. 這是與家人聯絡上後首次給三弟匯款之信函
2. 此信經由約旦發送

周全弟：

　　渴望已久的來信竟給帶來了這麼一樁不忍卒聞的消息，天阿！這突如其來的噩耗，不啻晴天霹靂，頓覺天搖地動，浮現在腦際的是一片茫然若失的奇幻意念：「這該不會是夢吧」？但白紙黑字，昭然若揭。它給我的打擊不為不大，非但帶給我無盡的悲動。且已造成永不能得見四十年來朝思暮想之「生我、養我、育我」的先父最後一面，而使我內心充滿著永遠無法彌補之遺憾。

　　由於世局影響，四十年的音訊隔絕，內心極為傷痛，曾無數次試圖想獲得家鄉的片紙隻字而無門，在不知歷經了多少險阻與挫折之後，在去年三月才甫行構成聯絡，略為洞悉家中梗概，並得知雙親二老玉體健朗，心裡之高興溢於言表；歡欣之餘，除立即作覆外，並決定設法克服種種障礙，期能於最短期間之內，返里向尊前面稟離情，藉釋心中長久之積鬱與愧疚。哪曉得這個如意算盤，到如今竟變成了一個永遠不能實現的殘破計畫，記得去年三月六日父親來信上說：「目前你娘俺倆還能顧住自己。」怎麼這短短的時間之內會有這麼大的變化？太令人費解了。咱爹到底是哪年、哪月、哪日、哪時去世的？什麼原因去世的？突然生病嗎？或是發生什麼事故？上次來信為何沒有任何徵兆？甚感蹊蹺！盼告知詳情，以便尊禮遙祭。

　　九月一日來信及全家相片經已收悉，我衷誠為您及大

嫂全家二十三口人祝福，唯去年父親來信所說我並非無後這一點，您未做進一步之交代，或有隱情？如許可盼告。您又說1987年元月曾寄相片來，不知是什麼相片？我從未收到。

據傳聞咱們家鄉，無論在食、衣、住、行各方面，比我1948年離家時有長足的進步，誠屬可喜。目前咱家除您所說住屋已改為瓦房外，其他情況如何？請來信時，告知實情，如有所需，我當就能力所及聊盡棉薄之力？

上次寄去之美金你說已經收到，甚慰，惟其中指明寄給家父及大哥者，因人已辭世，不知是否均已兌領？如已領到，則可代我整修一下雙親墓園，您看情形全權處理好了。如果兌領有困難，或不能兌領，請即將該支票退回原處，以便更換後，另行給您寄去。

我現在的生活情形還勉強過得去，請勿為念！惟對家鄉的一切，時刻均在惦念之中，包括久不相見之家人，鄰里鄉親，兒時的玩伴同學朋友，以及多數未曾謀面的姪輩們。

茲隨函再寄上美金200元，請酌轉保雲100元，餘作為姪輩們新年之賀禮，鵝毛之量，聊表寸心，請笑納。

久不相見，要講的話很多，紙短情長，暫此擱筆（附上我檔案中舊照四張，以供參認，近擬攝新照，待下次再行寄上）

　　耑祝

全家平安

　　　　　　愚兄 自德上 1987.12.31

〔註釋〕:

1. 1986.3.6父母的來信,並非父母的親筆信,而是三弟以父母的口吻撰寫的,由於雙親早已逝世,三弟擔心我看到這突如其來的壞消息,精神會崩潰,所以採用這種方式來舒緩我悲憤的情緒,這一點我能理解,謝謝三弟之用意,但仍然免不了錐心泣血的悲動。

2. 此信經由約旦發送

3. 第一封署名家父的信是三弟周全委託村上路海鄉賢執筆代寫的,其後三弟之來信多委託建堂老師代寫的。

周全三弟：

看過您的來信，使我更進一步瞭解到咱家的情形，著實安慰，只是沒有機會見到雙親最後一面，這一點，總覺得像是一件無法治癒的重病一樣，所幸您與大嫂以及姪輩們都能悉心照料，使兩位老人家安然度過晚年，而且辭世後也能遵從鄉俗予以妥善安葬，遠隔重洋的我，除由衷感激之外，還能再說些什麼呢？大哥他英年早逝，實在惋惜，大嫂茹苦含辛地肩負起眾多子女的扶養責任，也真令人佩服。

關於那200元美金先用掉好了，或者您與大嫂共同商量一下，看家中需要什麼，就買點什麼，不必存起來啦！以後有需要時我會另外再想辦法的。

上次您自己寫的那兩張信，我覺得寫的很好，也很清楚，但願以後能多看到您自己親筆寫的信，這樣也免得過份麻煩別人，我們自己兄弟，也不會有任何顧慮，只要能把心裡的話說出來寫出來，就達到寫信的目的了，您說是不是？

時代在變，世事也在變，在變動中常會出現令人興奮的消息，上次您問及我的情況，我想還是留待見面時再詳談吧！

　　　　祝

全家平安　並請代向

李建堂、趙曉峰、劉榮章諸兄致意！

　　　　　　　　愚兄 自德（喜全）上 1988.5.31

〔註釋〕：

1. 1988.1.1以前的信函係採間接偷渡方式投郵的，即均經由中東各
   國轉寄回家鄉的，1988.5.31後，兩岸敵對氣氛緩和了一些，信件
   改由「50000」號信箱寄回大陸的，時程上縮短了很多。
2. 此信經由「50000」號信箱發送

寶雲：

在離家四十年後的今天，能夠得知家裡的情況並看到妳的來信及照片，心中之高興是可想而知的，只是這一生對妳沒有盡到教養責任，至感愧疚。我1948年離家後並沒有把家忘記，卻時時刻刻都在惦念著家，這期間還一直想回家，曾不斷打聽著家鄉的消息，可是畢竟事與願違，就這樣與家長期地失去聯絡，這當中不知經過了多少曲折，才於1986年輾轉得到家中的一點信息，最近才知道妳的遭逢，使我這老而枯竭的心靈頓時泛起了悔不當初之慨嘆！我對不起妳，也對不起妳媽媽，但是這實出於無奈，當年我之離家，乃為求學，哪曉得會有後來之變遷，早知如此，我也就不會出去求學了，往者已矣！追憶只有徒增傷感，不如珍惜現在吧！因之，我殷切希望妳好好作個賢妻良母以相夫教子，我會更高興的。

妳說有兩次寄照片來，我都沒有收到，這次是我看到第一張照片，今後有空時請把妳自己的家庭狀況告知一二。為盼！

　　　耑此餘容後敘，祝

全家平安

　　　　　　　　　　　　　　　　　父 字 1988.5.31

〔註釋〕：
1. 此信經由「50000」號信箱發送

小周三弟：

　　這位帶信的張懷慶先生是我的知己朋友，同甘共苦的同學，也是出生入死的伙伴，我們可說情同手足，他這次隨團探親，摯意要到咱家一趟（如時間允許時）向您口述我目前的概況。如您有什麼要給我說的話可請他代為轉告，不必有任何顧慮。不過，他這次返鄉是臨時安排的，行程緊湊，請不要耽誤他太多的時間，他離去時，請設法護送他到車站，特告！

　　　匆此　祝

全家平安

愚兄 自德上 1988.7.17

〔註釋〕：此信經由「50000」號信箱發送

周全三弟：

　　在上次寫回去的信上，沒想到留待面談幾個字會給您增添一些額外的傷感和困擾。的確，分離長達四十年，一直杳無音信，照常理推斷，應是早已不在人世了，且家人早就把這件事給遺忘了，而今竟會突然冒出來還活著的消息，同時還隱含著即將相見的訊號，能不高興嗎？叫誰也無法按捺住眼中喜悅的淚水。記得前年，當我收到第一封你以雙親名義寫來的信時，我心中湧現之興奮不亞於您現在的感受，蓋親情之流露也，您說「七十人生古來稀」不錯，我們兄弟從小分別後，迄未相見，而今皆已年近古稀，趁這剩下不太多的時間，好好聚聚話舊一番，確屬樂事，以前受制於不能，而今世局變動，及早擬定行動計畫，促其儘速實現，至為重要。關於這一點，我一直在盤算琢磨，如不辭去目前這份契約未滿的工作，計畫行程可能就會延後，不過，請不要太過急躁，待正式確定後，我會告訴您的。

　　您說孩子們都認為：看照片我比您少十歲，我看後內心暗自高興，已逾古稀之年了，還有人說我年輕，真是新鮮事，您認為這可能嗎？果如是，那我不就變成您弟弟了嗎？有這麼一句話：「看景不如聽景」，您該了解這其中道理吧！我老實告訴您吧！我目前的粗淺描述是：年逾花甲，滿頭白髮，雙眼模糊，一嘴假牙，耳雖不聾，記性

甚差⋯

　　再者，來信對我似乎有褒揚之處，更是不妥，否則您會失望的，因為四十年的漂泊流浪，除歷經無盡的艱辛與受苦受罪外，並無值得炫耀之處，好了，不談這些吧！免得再增加傷感。

　　關於聯絡殷厚堂之事，我想現在已通信正常，就不必再麻煩他了。

　　　　　祝

平安　代問

諸鄉親友好

愚兄 自德上 1988.8.1

寶雲：

　　來信收到了，知道妳的家庭概況，我非常高興，在此特為妳全家祝福，並希望你們全家永遠幸福美滿快樂！

　　妳來的信，字裡行間一再提到的是希望我能快點回去，關於這一點，我何嘗不是這樣想呢？離開自己的家已經四十年了，朝思暮想夢寐以求，我對家之嚮往是極為強烈的。同時，為了能看到想見的人，我會加快腳步，安排返鄉行程的。不過，千萬不可急躁，記著妳媽的話：見信如見人，我遲早會回去的，只是我已簽約的工作尚未到期，暫時還無法成行，等確定後，另行告知。

　　　祝

全家平安

　　　　　　　　　　　　　　　　　　父 字 1988.8.1

周全三弟如晤：

　　八月一日寫回去的信，想已收到了吧，念甚！

　　我的同學張懷慶已返台，他說他與您在安陽已經見到了面，並把我的現況簡略的轉告，我想你會對我更多一層了解的。

　　上次您來信談到根山嗜學之事，我甚為高興，這是一件天大的好事，您應感到安慰，加以鼓勵才是，不應擔心，一個人要有所成就，唯有自我發奮努力；嘗言：一分耕耘，一分收穫，他能立志向學，主動求知，實為難能可貴，我贊成，「十年寒窗苦，方為人上人」，我非常佩服根山之作為與抱負，為了順利達成他的宏願，我願提供一臂之力，不過請告訴他努力求知不要忽略了健康之重要性。

　　　祝
平安

　　　　　　　　　　　　　　　兄 自德上 1988.8.23

周全三弟：

十一月二六日來信，收悉，請勿為念！很久沒寫信了，也早想提筆，但是因為懶忙等等，一拖幾個月就拖過去了，真是抱歉！

九月二十八日為父親忌日，我想您們這天上墳時，會把我的消息告慰老父的，自從收到您三月二日經由約旦國轉來的信上得知雙親辭世的消息後，悲痛迄今未釋懷，十二月二十日為繼母忌日，但生母忌日為那天，很慚愧已記不得了，有空時請來信告知。

開放探親後，確實有很多人都回去了，我之所以尚未採取行動的原因，在八月三十日的去信上已經說的很明白，我目前正積極謀求變通辦法中，千萬不要急躁，我一定會回去的，時間選擇秋天或春天，待確定後，我會另函告知的。

父母雙亡，大哥早逝，使您對家的責任加大，既要照料全家，又要撫養子女，您的辛勞與痛苦，我早就體會到了，只是沒對您說罷了，我對您獨力支撐全家至為感佩，我會永遠記在心中的。

記得上次您來信說，我捎回去的錢，您都與大嫂平分，很好，我們弟兄應不分彼此，能同甘共苦，才是手足情，您的觀念作法，我都贊成，同時您目前的情況，我也了解不少，請放心。

好了　餘容後告　　　祝　　健康，平安

　　　　　　　　　　愚兄自德上 1988.12.12

寶雲：

很久沒有給妳寫信了，全家都好吧！

妳三叔和妳都希望我能夠盡快回去一趟，我又何嘗不想早點看到自己的親人呢？妳想想看，我離開家四十年了，能不急於快點回去嗎？以往受制於環境影響，無法實現願望。而今，返鄉探親之大門已開了，不趕快採取行動還等什麼？關於這一點，說來容易，做起來還真不簡單呢！不過為了達到返鄉的目的。我一直在積極設法克服困難，以便能夠早日成行。這是我的計畫，希望妳能以冷靜的態度來迎接這一天的到來，只是不要太過急躁！因為我的歸期尚未確定。

關於我的職業，我想待見面後，不就都得到答案了嗎？

好了　餘容後告　祝
闔家平安　愉快

父 字 1988.12.12

大嫂，三弟如晤：

　　春節已過去了，在此給你們拜個晚年，你們都好吧！春節在咱們家裡是一年當中最重要的節日，大家最重視，但是，也是生活最艱困的時候。關於這一點，在我的腦海中依然記得很清楚，因此，我除了祝賀你們佳節愉快外，也很想表示一點實際行動，然而苦不得要領，因為當時覓不到適當門路，以致未能如願，甚感抱歉！

　　在我的記憶當中，咱家鄉現在應該仍是大雪紛飛吧！四十多年沒見過家鄉下雪的景象了，著實懷念，但是以目前的情況言，對下雪的的滋味，恐將不敢輕易嘗試了。因為將近半世紀的隔離，且台灣地處亞熱帶，氣候炎熱，一年當中，冷天很少，如今驟然回家，我想無論生理、心裡或習慣各方面，恐怕都會有不能立刻適應的情況，不過，話說回來，那才是我真正的家鄉，它永遠吸引著我，我永遠嚮往著它。

　　如果記憶力不錯的話，當年我離開家時，姪輩當中，林漢已會走路，銀蓮則剛出生幾個月，其餘都是我走後出生的，而今都已成年結婚生子，四十年的變化太大了，目前你們都已子孫滿堂，有福氣，我為你們高興。

　　我1948年在鄭州上學時，大約是農曆九月底吧！一天夜晚世局突然變化，同學們皆驚惶失措，都沒有主意，大夥兒一起隨校南遷到江西省一個廟裡上課，當時連作夢也

沒有想到會演變成今天這個局面；家破人亡，妻離子散，早知如此，我怎麼樣也不會離家遠到江南去讀書的。唉！這或許就是命吧！

據我所知，咱們家中並不算富有，但是「蜀中無大將，廖化當先鋒」，大陸十年動亂期間，咱家不知遭到連累沒有，關於這一點，一直是我耿耿於懷的事。

雙親辭世的太早了，他們老人家這一生沒有過一天好日子，一直處在不斷的戰亂中受折磨，一直在為全家大小生活而忙碌勞累，當然我們大家也未置身事外，但是起碼現在社會改善了，我們剛要反哺之時，而老人家們卻先我們而去了。談到雙親之去世，內心至為愧疚，因為你們均能為他們親臨守靈，送葬，而我呢？如果不是最近聯絡上後，你們把家裡情況寫信告訴我，不要說不能見雙親最後一面啦！連他們什麼時候死的都不知道，如今是滄海桑田，宛如隔世，你們當可想像到我此時的心情，追憶四十年前之種種，顧此垂暮之年，極其傷感！

從歷次來信上察知，咱原來之大家庭已分成小家庭了，說起來小家庭並非不好，這是時代潮流，目前世界各國都是採取小家庭制，台灣當然也不例外，目前此地很少有三代同堂的家庭，因為大家庭固然好處很多，但缺點也不少，總括來說，小家庭優於大家庭，只是不要忘記小家庭的根源就好。以咱家為例，譬如一棵樹，大哥、三弟和

我為樹之三枝，父親為樹幹、樹根，雖各自成立小家庭，子孫成群，但咱的根仍是一個，關係密切，所以我們這三枝要相互扶持，相互關懷，相互照應，使我們這個同根家族永遠保持和諧，和睦，表面上雖為三個小家庭，實際上仍為一體，這樣才是不忘本，同時雙親地下有知也會含笑九泉的，我說這番話並不是懷疑咱家有什麼，而是我最近發現此地有個大家庭兄弟幾人分家後不久，常因相互猜忌而反目成仇，最後鬧上公堂，貽人笑柄，我以這個實例來作我們相互勉勵與警惕之借鑑，我相信我們之間不會如此，我們這三枝永遠緊密連結在一起和睦相處的。

　　匆此　祝
全家平安

自德上 1989.2.18

林漢賢姪：

看過你的來信，甚感欣慰，你能把家裡四十年來的重大變故，擇其要者告訴我，讓我能更多一層了解，真是太好了。縱然這些變遷的往事，難免又會勾起一些感傷的回憶，但是越多知道一點家中的實況，內心畢竟覺得更舒展些。說實在的，你爺爺對我十分疼愛，他對我愛護之程度比你從你爺爺口中聽到的情形不知要多出多少倍，而我呢？我這一生對他老人家未能有一點回報，連他老人家死前都不能見他最後一面，你想想看，我的心情有多難過，當然，此乃時勢，非人為也，但無論如何，未能善盡終養之事實，永為我所遺憾！

你爹，他英年早逝，堪稱惋惜，你媽媽茹苦含辛肩負起撫養你們全家的重擔，實在太偉大了，你們要多多孝順她才是，千萬不要忘記反哺之報啊！

你爹、你三叔和我三人為手足，皆你爺爺的後代接棒人，都是從一個家族中分立出來的，關係密切，相互間要和衷共濟，彼此間不容有歧見存在。凡事要忍讓、尊重、互諒、互信、互助，千萬不要猜忌，造成不和，讓旁人恥笑，萬一有真正無法解開的結，也要忍耐，等我將來回去時再研議，切記！

在你寫來的信上我發現你很懂事，也很通達情理，你曾說：「為免家庭鬧不和，二叔就不要單獨給我寫信了」。

由這句話，使我激然領悟。我感到很安慰，很放心。因為有你這種胸襟，我相信我們家族間不會有問題的。常言道：「誰家灶房不冒煙」縱然有芝麻小事也會在你的容忍與調適下冰釋的，我敢信你能夠發揮這個調適作用的，不是嗎？你的信收到很久了，也考慮很久要不要回信。結果仍然寫下此信，如認為有顧慮，看過後焚之可也，以免旁生枝節。

　　關於照片事，待下次之家信中我會照你的意思寄回的，請放心。

　　　　　耑此　祝

全家平安　萬事如意

　　　　　　　　　　　　　　　二叔 草 1989.2.24

寶雲：

　　因為懶、忙、亂，沒有經常給妳寫信，讓妳對我多所掛念，甚至還懷疑我會發生什麼事故，別擔心，我年紀大了，難免會有接二連三的病痛，但目前自認身體狀況還可以，請放心！

　　妳農曆正月初九及去年九月底寫來的信，我都收到了。記得十二月曾給妳回了信，而照妳這次來信看，妳並沒有收到那封信，不過那封信上也沒有寫什麼特別重要的事，只是閒談而已，現在我把留在我手邊的底稿影印一張給妳寄去參考。

　　談到過年，記得咱家過年很重視，但過年也是一年當中最艱苦的時期，青黃不接，冰天雪地，在我的腦海裡依然還有深刻的印象，因之，我曾想到在年前盡點心力，但由於找不到可靠的管道，苦無門路，只有留待以後再說吧！

　　妳的名字是「寶雲」，或是「保雲」？是不是我寫錯了，下次來信時把妳正確的姓名告訴我，以免發生笑話。即此，餘容再談

　　　　祝　全家平安

　　　　　　　　　　　　　　　　　父 字 1989.3.9

大嫂，三弟如晤：

三月二十一日來信已收到，得知咱們縣境內目前巨幅之變遷、繁榮、進步以及咱家鄉因地緣關係也蒙受到諸多方便等等，內心殊感欣慰！

來信中談到鄉親們對我之關心、愛護與抬舉等等，非常感激，請代我向他們致由衷之謝忱，惟彼等對我之過譽與憑空臆測之處，誠惶誠恐，愧不敢當，也不能苟同，因為我乃一介平凡之人，非鄉親門想像中那麼風光呀！

關於我的職業詳情，記得上次在由您們轉交給保雲的信上已經概略提及，那就是要區分為過去與現在兩個不同的階段來說，但是不論過去或者現在，我認為隨著時代的變革，都已經沒什麼重要了，重要的是能夠早日見面，我想見面後，這些問題，就都不是問題了，您們認為對不？

三月十日寫回去之信，想也已收到了吧！請依信中所述原則處理，藉以表示我對各位之些微心意。

關於根山嗜學，是件好事，一個人能自動自發的去求知實屬難能可貴，目前一般學子，受世風影響，多貪求享樂、被動、不上進，根山能專心一意，追求知識學問，值得欣慰，要多予鼓勵，多予協助，千萬不要澆他冷水，因為學識是一切事業的基礎，孫中山先生曾說過一句話：「偉大的事業在高深的學問」，所以說不能只顧眼前的小利，要放眼遠處，古云：「書中自有顏如玉，書中自有黃

金屋」。這話雖然私利慾望色彩很濃厚，但是實際上，古今中外，成大事，立大業及有成就者多為有才學人士，所以要多鼓勵他讀書，給他勇氣，給他助力，我佩服這種為學的精神和態度。

好了，餘容後談

　　　　祝

平安愉快　並請代問候

諸鄉親們安泰

　　　　　　　　　　　　　　　自德 敬上 1989.4.24

根山賢姪：

　　看過你給我的來信，發現你專心向學的意念和決心，我很高興，「十年寒窗苦，方為人上人」我肯定你的抱負，唯有今天的苦讀，才有明日的成就，努力吧！我為你祈福，我作你的後盾。

　　你說對今年的高招心怯，這一點，我不以為然，照你現在之意向推斷，你不應有這種想法，要有堅強的信心才對，考場如戰場，切忌怯場，正常的態度是：考試前要靜下心來，不斷的反覆演練，鑽研，以達純熟的境界（萬全的準備），臨陣時，要摒除雜念，專心於試題思考（沈著應戰），作答時，有條不紊，並把握「易者先答，難者後作」的原則（靈活運用），庶幾可操勝算矣，但是考試往往有一半（50%）的運氣在。雖然有充分的準備，難免不會有馬失前蹄之虞，萬一受挫，也不必氣餒，要痛定思痛，重整旗鼓，再上陣，只要有恆心，有毅力，不退縮，不洩氣，成功永遠屬於有抱負的人，不過，求知重要，身體也重要，努力用功讀書不可忽視身體健康，二者同樣重要，皆不可偏廢，請善自權宜。

　　考期漸漸逼近，我預祝你勝利

　　　　耑此　祝

學業猛進　身體健康　精神愉快

　　　　　　　　　　愚伯父 草 1989.4.24

林漢賢姪：

　　你四月一日的來信已經收到，請勿為念！

　　信中所說十年浩劫波及家鄉的情形，你三叔在三月二十一日的來信也已作了扼要的敘述，不過經你又進一步的說明，使我對當時的事實真相更加清楚了，只是當我得悉家鄉曾遭遇如此慘痛的災難和折磨後，內心感到無限的淒楚和遺憾！

　　你為我的病痛擔憂懸念，非常感激，不過，人老了，就像機器舊了一樣，隨時隨地都會有毛病發生，不像你們年青人，不知什麼叫病痛，上次不該講那句話，讓你們大家擔心，現在，我一切情況均尚正常，請勿懸念！

　　　　餘容後敘　順祝

萬事如意　闔家平安

　　　　　　　　　　　　　　　　　愚二叔 草 1989.4.25

大嫂，三弟如晤：

　　收到四月三日的來信，內情盡悉，請勿為念！

　　您們每次來信經常提到的一件事，就是希望我能函告詳情，關於這一點，在闊別四十多年後的今天，我們間確實需要更多一點了解，而我被認為是捉迷藏似的沒有把以前的經歷細述的原因，並無「一旦被蛇咬，三年怕草繩」之忌，而是我這一生的際遇，命運坎坷，旅途崎嶇，環境艱困，可說千頭萬緒，不知道該從哪裡敘起，再者，我想已經積極在準備返鄉了，回家之後，當面細談總比在信上寫來得妥切細膩，因此未詳加敘述，而今你們一再提到這點，那麼，我就更進一步地先告訴你們一點吧！

　　我1948年暑假之後到鄭州上學，未幾，世局突變，隨著學校南遷到江西吉安青原山，1949年局勢惡化，流浪到江南各地，曾乞討街頭仰人鼻息，是年底輾轉流落到越南，1953年來到台灣，曾在軍中供職相當長的一段時間，1985年退伍，目前在一研究機構擔任企畫工作。

　　1953年剛到台灣，人地生疏，舉目無親，不時想念家鄉親人，（在越南期間也是如此）說實在的，很想回家，但是由於環境與政治因素，一直不能如願，可是我並未因此把回家的念頭給遺忘，曾一味希望著會有奇蹟出現，然而日子一天天過去了，未見奇蹟現身，且情勢依然冰凍未解，家中的消息絲毫無法得知，回家的希望極為渺茫，我

的心情也隨著下沈，光陰似箭，日月如梭，一晃數十年過去了，在回家的消息似乎瀕臨絕望之際，為了平抑情緒與填補心頭的空虛，一個偶然的機會，經友人安排，於1966年草率築巢，目前育有三男，均尚年幼無知。

我離開家鄉後這四十多年當中，曾足跡大江南北，翻山越嶺，飄洋過海，當過兵，做過苦工，討過飯，做過看護，教過書，也當過官員……可說多采多姿，但也嚐盡了人生苦辣酸甜滋味，所幸，未把這條小生命丟掉，乃不幸中之大幸也。

時光不停轉，歲月催人老，昨日之少年，眨眼間已變為白髮老人，奈何！目前人生責任尚未盡釋，惟賤軀尚佳，雖也不時小有不適，乃老年人正常之現象，總之目前一切堪稱差強人意，這就是我大概的情形，關於細節詳情，待見面時再慢慢說吧！

我目前的工作到7月期滿後，即行收網並作返鄉之行。由於辦手續費時，行期可能在年底或明年初，屆時我會另函告知的。

我於四月二十四日曾寫回去一信，並附照片，不知收到沒有？

　　關於給保雲之生日禮，請設法交給她，以表示我對她
的一點心意。
　　　祝　全家平安

　　　　　　　　　　　　　　　　　自德上 1989.6.1

保雲：

　　前後的來信都收到了，請勿為念！

　　關於我返鄉的事，記得在去年八月一日的去信上曾原則性告訴過妳，並沒有什麼特別的困難和障礙，只是待簽約的工作滿期後，才可成行。屆時，再行函告！

　　我的生日，妳三叔或可能知道，因為我的生日與他的生日相差一年一個月零一天，不過，我自從離開家近四十年來，從未過過生日，已經這麼大年紀了，而且不過生日已成習慣了，過與不過已不太重要了，今後如果要過，我們就聯合起來一同過好了，日期就選在農曆三月初十這天，妳認為如何？妳說我返鄉時要做好迎接準備工作，大可不必，讓我悄悄地回去，默默地見見面，暢快地敘敘舊，就夠了，並不需要過份張揚。

　　妳收到這封信後，希望抽空到裴庄去一趟，代我向妳大孀及妳三叔問問安，順便也好求證一下我的生日是哪一天。

　　　餘容後談

　　　祝

全家平安

　　　　　　　　　　　　　　　　父草 1989.6.1

大嫂，三弟如晤：

　　頃接七月十八日來信，內情盡悉，請勿為念！

　　六月一日寫回去的信，曾直率地談了一些敗興的經歷。沒想到讓您們又擔心難過了一陣子，甚為抱歉！不過，這些事都已經成了過去，過去的事，姑妄言之，姑妄聽之，就當它是耳邊風吧！不必太認真啦！否則，會益加傷感的。

　　我這一生，絕大部分時間在軍中度過，所謂之「職業軍人」是也，退伍後，進入中山科學研究院工作，而今為了安排返鄉，已自七月辭去了這項工作，目前一切均佳，請勿為念！

　　根山今年參加高招情形如何？念甚！

　　　　順祝

全家平安

　　　　　　　　　　　　　　自德上 1989.8.12

根山賢姪：

　　你寫來的「雖遠心自通」，如果說它是信，倒不如說它是一首詩篇，或是一幕短劇，從這裡我發現你的文學根基非凡，不但詞藻優美，表達技巧適切，且意境深遠，誠為佳構，令人讚賞，如繼續努力定有成就。惟似乎充滿著抑鬱的愁緒，使我迷惘；難道今年競試又受挫了？不過一般來說，考試往往有一半運氣，所以一定要有「勝不驕敗不餒」的胸襟，勿灰心，再接再厲，才是強者。有人說：「跌倒不可怕，只怕跌倒後站不起來」你的情況應不致如此，希望拿出勇氣來。

　　天下事不如意者十常八九，惟堅忍、奮發、與毅力能戰勝一切，願與共勉。

　　　　　餘容後告　祝

精神愉快　學業猛晉

　　　　　　　　　　　　二伯父 字 1989.9.1

大嫂、三弟如晤：

　　8月12日去信，諒已收悉！

　　我決定於10月3日返鄉，此行由於護陪一位友人北上就醫，所以行程要繞道北京。也就是從台北搭飛機經香港到北京，晚上在北京住一夜，10月4日再南下回家，（自北京南下回家時，是坐火車或再搭飛機，事先並未安排，唯視當天到達北京後之情況而定）。10月3號我在北京的住處是：「北京西直門外135號北京展覽館賓館，電話：8316633」

　　咱家離北京太遠了，我返鄉時，可不必到北京去接，惟因久不相見，恐怕見面時都不認識了。所以如果要去接我時，應先準備一個告示牌上寫「裴庄」兩個大字（或出示我寄去的照片）站在機場旅客出口處，以利辨識。如不巧未接到，則可到我住的地方去找。

　　以上行程，倉促決定，未早函告。不過在我動身之前將會打電報告知的。（我正式的行程時間，以電報為準。）

　　　　匆此　祝

愉快平安

　　　　　　　　　　　　　　自德 敬上 1989.9.16

大嫂、三弟、表妹、林漢、書漢、林山、根山、保雲等：

　　十月十五日這天下午通過海關檢查後，3時25分登上波音737客機，5時30分到達香港，7時30分轉泰航波音747班機，晚上9時30分到達桃園國際機場，晚上10時50分順利回到家中，請勿為念！

　　這次返鄉，本應靜靜而去，默默而回的。可是，親情、鄉情、友情，致未如願。卻給咱們家帶來了一陣騷動，憑添了不少麻煩和困擾。可不是嗎？秋耕受到了影響，個體戶經營暫停了運作，每個人的心理，精神也攪亂了。我臨走時，又動員了全家人，長途相送。當然長年在外的我，確實感到有無限的溫暖。但每個人不惜勞累，還挨著餓陪我，使我內心深感過意不去。臨走這天，好像每個人都不忍心讓我離去，在鄭州機場，每個人表面上似乎都很鎮靜，但是我看得出來每個人眼眶裡都噙著欲湧的淚水，我很感動。但是，請不需太難過，我會很快再回來的。

　　這短暫的12天中，地方機關、團體、鄉親、鄰居、同學……等。對我之關心、款待、垂詢、餽贈….盛情濃意，使我畢生難忘，請俟機代我敬致謝意！　太累了，需要休息，改日再談吧！

　　　順祝　全家平安

　　　　　　　　　　　　　　自德 敬上 1989.10.16

大嫂，三弟暨諸姪輩們：

三弟十月二十八日來信已收到，請勿為念！

十月十五日那天下午，當我從候機室走出來準備上飛機時，驀然地發現在飛機場東邊站著一群人，在向上飛機的人們打著招呼，上飛機的人群也都很自然地回應著，我也舉起手來左右搖動著表示再見。當時，因為距離太遠了，模模糊糊地，實在看不清楚是送行的人或是看熱鬧的人，原來站在那裡的人群，就是你們呀！你們老遠把我送到鄭州，已覺不安，竟還這樣忍著飢、挨者餓，親眼看著我登上飛機，太辛苦你們了，我著實太感動了。

那些相片，白天照的勉強還可以，夜晚照的太不理想了，待下次返鄉時再行補救吧！

　　　　嵩此　祝

全家平安

　　　　　　　　　　　　　　　　　自德 1989.11.12

大嫂，三弟：

　　月初去信諒達！

　　關於立墓碑事乃為人子者之個人孝思行為，表面上不要太過鋒芒，原則上以能配合咱鄉里之風俗為著眼，我以往幾次寄上之資料乃台灣風俗，只能做為參考，關於父母生辰修正之處係根據來往所述各點，就我個人見解推論而來，也只能參考，所以請你們與姪輩們共同商量斟酌實際情形，在不失禮，不狂妄之原則下酌情處理吧！

　　　　順祝

全家平安

　　　　　　　　　　　　　　　　自德 敬上 1990.2.25

大嫂，三弟如晤：

　　前後兩信均已收到，請勿為念！

　　我於二月二十五日曾去一信，諒已收悉。關於立碑為咱家之私事，最好不要太過驚動各方。

　　我將定於三月二十一日下午7點30分乘中國民航飛機到達鄭州，因時間大晚，請不要去太多人迎接，我可能先到安陽一趟，隨後再回家。

　　這次因機票拿到太晚，故無法早點寫信告知，歉甚！

　　以上行程如有變動，另行電告。

　　　　耑此

　　　　即頌

全家平安

　　　　　　　　　　　　自德 敬上 1990.3.7

大嫂，三弟，表妹，林漢，書漢、林山、根山、保雲：

四月二十四日這天，1550登上波音737小型客機，1600起飛，1830抵達香港，本想即行轉機赴台，但由於返台人數過多，機位滿檔，無奈，當晚住在香港東方賓館，不巧同室者（兩人房）鼾聲大作，徹夜未眠，次日凌晨0600趕赴機場，乘中華767空中巨無霸客機，0955起飛，1105到桃園機場，通過海關檢查後，於1330安抵北市家中，請勿為念。

幾天的折騰，太累了，其他的事情，容後再說吧！

　　　祝

平安

　　　　　　　　　　　　　　　　　　自德 1990.4.25

大嫂，三弟諸姪輩及保雲：

　　四月二十五日到台北後，匆匆發了一信，諒已收悉！

　　四月二十四日這天，大夥把我送到鄭州機場，一直守在我身邊要親眼看我上飛機，從登機途中，直到進入機門，你們還不停地向我揮手示意，依依不捨之情，實在令人感動，觸景生情，這時我滿眶熱淚再也按捺不住了，離別總是不好受的，嘗言：「送君千里總有一別」。「天下沒有不散的宴席」……這些安慰人的話，人人都會說，可是輪到自己時，就情不自禁了，這天大家的心情都很沈重，尤其航警讓你們出去後，每人的眼眶都是濕濕的，我瞭解此時大家的心情，所以我盡量保持鎮靜，為了緩和大家難受的情緒，我曾多次躲進候機室不出來，說真的，我也按捺不住別離的衝擊。

　　這次返鄉的時間總共有一個多月，似乎太長了，在家停的時間越長，給家裡帶來的麻煩就越多，對每個人正常工作之影響也愈大，等到離開時，感受的痛苦可也愈重，這是我的感覺，我想你們也不會例外。

　　這次回家能夠順利完成立碑大事，內心甚為安慰，可是你們的辛苦忙碌，讓我由衷的感激。

　　關於玲噴門腺癌手術後所需之兩種藥品，未註明原文，由於兩岸譯名不同稍困擾，正設法協調查詢中，有結果時另告。

照片效果不太理想，請分交每個人，東陽如已離開，
請設法轉寄給他。

匆此　祝

全家平安愉快

自德 敬草 1990.5.15

保雲：

　　剛回來不久，感覺太累，所以沒有單獨給妳去信，請原諒！

　　這次我在家停留的時間似乎太長了，這樣，給妳大娘和三叔兩家添了很多麻煩，當然也有妳家啦！特別是妳，大部分的時間都在陪著我，伺候我，太辛苦妳了，不過對我而言，到讓我覺得有女兒的可貴。這次回來停留的時間長，講話的機會無形中多了，觀念也溝通了不少，這證明妳是理智的，懂事理的。

　　關於DIPAIS「力排肺疾」藥品，香港的價錢是每瓶港幣85.-，美金11.5，請告知他藥費並不重要，主要的事要能把病治好，至於藥費由我來負擔並祝福他早日痊癒。

　　　祝

平安

　　　　　　　　　　　　　　　　　　父 字 1990.5.20

保雲：

　　看過你六月十七日來信，知道今年小麥收成很好，我很高興，也為您們的豐收慶幸！

　　妳媽媽的病要積極治療，以求早日康復。一般來說，心臟病比較困擾，妳要多順從她，讓她歡心，還要多勸勸她，把心胸放開，「該吃吃、該喝喝，有事不要心裡擱」這樣病體自然就慢慢會好起來的。

　　台灣已進入盛夏，天氣甚為悶熱，且颱風不時來侵，令人喜憂參半，喜者，帶來充沛雨量，大家高興；憂者，常有災情出現。六月二十五日的颱風就造成台灣東部極大損失，傷亡數百人，所幸台北地區平安無事，目前我一切如常，請勿念！

　　　匆此　祝

平安幸福

父 字 1990.7.2

海峰愛孫：

　　你「給爺爺的一封信」，我已經收到了，心裡甚為安慰，你說今年家裡收成不太理想，但全家倒是平安，且秀閣成績名列第六，我更高興。

　　關於集郵這件事，我不反對，也會全力支持你的，只是你要記住一點，在求學階段，讀書是第一，不可因集郵鬆懈了學習，一定要把功課視為最重要的事情，然後，心有餘力，培養一些興趣嗜好，也未嘗不是一件好事，爺爺不集郵，存的舊郵票不多，不過你既然對集郵有興趣，我會隨時注意蒐集，不定時隨家書寄回去的。

　　至於爺爺帶領全家回去團聚的事，這是將來的事，我會朝這方向努力的。不過我有一個顧慮，爺爺一個人回去，給家裡就已增加了不少麻煩，假如有一天全家大小都回去，恐怕會讓大家更厭煩的。

　　好了，請代問你奶奶、你三爺、你爸爸、你叔叔……等，大家都好！

　　　　祝
學業進步

　　　　　　　　　　　　二爺 字 1990.8.30

林漢：

　　八月十日來信已收到，請勿為念！

　　你在信上又談了不少往事，讓我感觸良深，曾有人說過：「人生在世，不如意事十常八九」這說明了人生旅程順境極少，你的際遇確實坎坷，吃了不少苦，受了不少罪，我兩次返鄉見聞及書信中已得到答案，你和我命運大體相同。你看，我何嘗不也是一樣嗎？蓋生不逢時，奈何？往者已矣，追懷無益，悉心培育下一代為當前要務。你的子女都很聰穎，后望可期，應全力讓他們接受完整教育，俾造福家園。你心地善良，忠厚誠懇，為人和氣，對事認真，能面對現實，也能踏實苦幹，我很佩服，也很安心。

　　你說我返鄉時，吃住都照料不週，這話太外氣了，我是咱家的一份子，又不是外來客人，為什麼會有這種想法呢？我這一生什麼苦、辣、酸、甜都嚐過，因之，我倒覺得對我伺候得太殷勤了。尤其是你，生怕我吃不飽，睡不好，其實我受苦受難了幾十年，什麼環境都可以適應，老實說，我在台灣家中吃的還不如返鄉這段日子優裕哩！

　　你姨奶奶的外孫女托我打聽購買的藥，尚未及帶去，她人已西歸，這個消息，使我內心深感難過。雖然這邊的醫生一再強調說，這種樂只是補品性質，對癌症並無療效，但是無論如何，我已答應的事，在他生前未完成，永為我所遺憾！

　　　　匆此　祝

平安快樂

　　　　　　　　　　　　愚二叔 字 1990.9.5

根山：

來信收悉，簡復如下：

其一、月前收到賢姪信，老朽頓時甚開心，

洞察諸多家鄉事，疏解惦念遠近親，

屢次修書用打油，今以打油代回音，

內涵不免太輕佻，莫笑隔岸老天真。

其二、揮汗收割忙，充滿喜洋洋，

竊聞大增產，快樂亦分嚐。

其三、投書如沈大海石，傳遞或許出問題，

原係夏秋忙收割，豁然頓悟釋前疑。

其四、

1. 聞訊名落孫山後，內心著實不好受，

勝敗常是兵家事，切勿沮喪與憂愁。

2. 聖哲之言洗耳聽，條條大路通北京，

草茅坐誦東山再，堅定志向必有成。

3. 敗不氣餒勝不驕，成就事業大訣竅，

世上行業三百六，行行都能成英豪。

4. 東方受阻改向西，半由天命半由己，

一旦名登龍虎榜，誰還笑咱門檻低。

其五、該藥雖屬補品，受託未竟疚愧，

藥品未及送回，人已駕鶴西歸。

（註：據醫師告知，此藥品對癌無療效。僅屬營養補
　　品而已！）

其六、

　　1.「少小離家老大回，鄉音無改鬢毛催，
　　　　兒童相見不相識，笑問客從何處來。」
　　　　（這是唐朝詩人賀知章的「回鄉偶書」，但他
　　　　就好像針對現在的我描寫一樣）

　　2. 音訊斷絕四十年，自古征戰幾人還，而今竟然
　　　　出奇跡，怎不叫人綻笑顏，親人聞訊盼相見，
　　　　飛鴿傳書一片片，忙煞兩岸綠衣人，所幸終能
　　　　達心願。

　　3. 辭卻工作往家跑，欣見家人與友好，
　　　　最是此行傷心處，無法見到我二老。

其七、扯到這裡暫擱筆，餘待以後慢慢吹。

　　　祝

前途光明

　　　　　　　　　　　　　愚二伯 自德 1990.9.17

根山賢姪如晤：

　　不孝有三，無後為大，成家是件好事，家成後，有了心腹幫手，對事業更有助益，婚約已定，光明在望，我為你高興，並向你道賀！

　　關於你的遭遇，處境與目前心情，我很清楚，也很同情，蓋時運不濟耳，姜子牙的故事，你當耳熟能詳：「屋漏偏逢連夜雨」一個人倒霉時，凡事都不順，以我為例，自認非宿命論者，但無情的戰火竟左右了我的一生。中學時代抱著崇高的理想，傲氣十足，雄心萬丈，怎奈時勢突變，一度淪為街頭乞丐，繼而遁陷異域，受到無法形容的折磨。記得上次給你寫過一信，曾提及人生在世，不一定非走哪一條路不可，條條大路通羅馬，行行都能出狀元，為學從政固然好，經商務農照樣可以登峰造極，世間事，是非好壞，並非絕對的，勝者王侯敗者賊，古今皆然。這個作為你心理建設之參考。再者，你絕不可消沈，「路是人用腳踏出來的」只要有決心、有抱負、有擔當、有毅力，風浪衝擊，豈奈我何？「有志者事竟成」亦請參考！

　　你父親悶悶不樂，老鑽牛角尖之事，我已有信勸過他，你也要找機會多予疏導，為人子者應設法解父憂，並鄭重告訴他：如老是這樣的話，會傷身傷神的。

新年新象新希望，預祝大家新年愉快！

愚二伯 字 1991.1.31

林漢姪，

農曆正月初六的來信收到，勿念！

你媽說我小時候沒享什麼福，這話沒錯，但是那個時候誰享到福了？可說誰都沒享到福，每個人都很苦，就拿1944年來說吧！大家吃皮條，吃麥苗，吃榆樹皮，咱莊上就餓死了不少人，這事發生時你還不記事，我們差一點沒被餓死，就算是福了。當然在這個時候我去上學，那能享福，生活一定是很苦的，但是大家在家挨餓作農活，不也是很苦嗎？可說在那個時候，每個人都很苦，都沒有享到福，如果跟現在一比，那就顯得更苦了。那時候我背著饃去上學，說起饃來，饃是你媽與你奶奶烙的，有時候我翻饃，每個星期天早上烙饃，涼到下午，等涼冷了再一捲一捲的捲起來，每一次背一星期（六天）的饃，總共18卷。每一頓吃一卷，一天三頓，吃時用開水泡一泡吃，一年365天，除寒暑假週日外，沒有哪一天例外過，六天的饃，十八捲，用布包著，久了會壞的。所以到最後兩天，饃都發霉了。（饃上長出了綠色的毛）。那時候也不管霉不霉，照吃，為了一心讀書，也從不計較什麼，當然也不知道什麼叫苦，說到這裡，突然想到，我現在的腸胃不順暢與這一段的生活也可能脫不了關係。好了，談的越多越傷感，就此擱筆。

　　　順祝

平安快樂

並向你媽、你三叔以及全家致候

　　　　　　　　　　　　愚二叔 字 1991.3.6

大嫂、三弟如晤：

五月十四日來信收悉，請勿為念！

今年咱家的小麥採收成效諒必稱心如意，時值夏末，料想大家現在正準備為秋收工作而忙碌吧！在這炎熱夏季，我僅為你們的辛勞致上由衷之慰問！

依據新聞報導：江蘇、安徽兩省因下雨過量造成水患，咱們家鄉有否受到波及念甚！

崗河趙世欽先生將於今年8月25日返鄉修墳立碑，到時候，我或許會託他帶回去點什麼也說不定，如果託他帶東西回去的話，要特別注意的一件事是：他是我天寶中學的前期同學，在台灣相遇後，交往甚篤，情同手足。他立碑那天，照情理，應該表示一下，因為我不在家，你們可酌情照家鄉習俗，代表我前往祭悼一番，方式不拘，以不失禮為原則，可與子姪們研商一下，或請教有經驗者指導參謀，究竟如何做較妥。他立碑的確實日期，等他返鄉與家人共商決定，惟據他說，可能在九月上旬，屆時可先向他家人打聽一下是什麼時候，並表明立碑這天要去祭拜。（上次到咱家來過兩次那位年青人是趙世欽之姪兒，名叫趙春奇，可與他聯絡）不過，這些只是我的看法，是否恰當，你們看情形辦吧！

目前此地適逢盛夏，天氣炎熱，惟全家大小均平安，請釋遠念！

　　　　即祝

平安快樂

　　　　　　　　　　自德 敬上 1991.7.30

大嫂、三弟如晤：

八月十六日來信收到，得悉今年農產又獲豐收，甚慰！

關於根山今年參加高招，再度受挫，大家心情難免都有點不太平靜，這是常情。但也不需太過憂慮，可憂的是遭到失敗後洩氣，只要不洩氣，不灰心，成功的希望仍然伸出歡迎的手。根山有意再複習一年，重上考場，表示他的求知慾望濃厚，求學意志堅強，有抱負，有進取心，應該順其意，繼續協助他，作再接再厲之奮鬥。至於他的婚事，不可忽略了他個人的看法，最好與他充分溝通一番，先徵求一下他的意見，因為世界潮流在變化，時代在進步，像我們這一代的老觀念，如不隨著改變，往往會落伍而不自覺。所以凡事不可太拘泥於傳統世俗，墨守成規，這一點不知你們能否理解其中真諦所在，請參考！

咱家的孫輩們求學情況如何？要多輔導、多鼓勵、誘導他們專心向學，俾爾後能造福社稷，光耀鄉里，服務人群。

　　順祝

全家平安

　　　　　　　　　　　　　　　自德 敬上 1991.9.10

根山：

接到來信，得悉咱縣土地使用改行兩田制，並計畫興建農技學校，增設電視轉播台等等，一片美麗的遠景，驀然呈現眼前，令人興奮，今年咱家鄉農業產收與去年相比雖稍顯遜色，但實際產值仍在水平線以上，堪稱安慰！

你歷年參加高招失利，精神上遭受的痛苦打擊不謂不大，但是，痛定思痛，能化痛苦為再出發之動力，厥為智者應有之抱負與態度。「天下無難事，只怕有心人」，你不屈不饒，屢敗屢戰，勇往直前的強烈意志和行動令人敬佩。如果決定再複習一年，就趕緊去辦理入學手續，所需費用，不必擔憂，我會設法支援解決的，請放心！

有關你的婚事，你父親基於傳統理念，自認對兒女之終身大事，責無旁貸，否則他心裡會不安的，他這種心境，你應該能理解的，回溯我的婚姻狀況，應該與你的情形差不多相類似；當時，我無意在求學期間結婚的，可是咱家的老舊傳統規矩，哥哥沒結婚，弟弟最好不要亂了次序，搶先在哥哥成婚之前結婚，你爺爺曾鄭重訓誡我說，你不結婚，那小周（指你父親）怎辦？為了不影響你父親的婚期，我是被迫不得已勉強結婚的，你是家中老么，應該沒有這一層顧慮。如果你不希望在大專學業完成前成親，很簡單，你可懇切委婉的向你父母表明。關於這一點，我在9月10日寫給你父親的信上已原則性告訴過他，

　　要他順應時代潮流，先徵求你的意見後再行事，你接信後可主動與你父親作充分溝通，我想他應該會尊重你的意見的。

　　「成家」、「立業」一般來說，並無先後，有人先成家後立業，也有人先立業後成家，二者亦無優劣之別。先立業有成就者有之，先成家有成就亦有之，蓋事在人為，非一成不變！亦請參考！

　　你想索取三個弟弟的單身照片，條件是在自然露天場所拍攝的，這個沒有問題，只是尚未發覺有現成品，當伺機拍就後再行寄給你。

　　目前我一切情況悉如往昔，請勿為念！

　　　　即頌

前途順遂

　　　　　　　　　　　　　　愚二伯 字 1991.9.29

林漢賢姪如晤：

　　11月14日來信收到。你對我之關心讓我感到很安慰。不過，你說要我保重身體，不要再幹活了，應該像咱家的老人們一樣，下棋、散步…歡度自己愉快的晚年。這個當然很好，我也真希望這樣，可是我的責任，還沒完，很多事情仍要靠我支撐。我在台灣既沒田也沒地，唯有靠工作收入來支應，如果不幹活，以台北的生活水平來說，光靠那些退休金是不夠的。而且我是勞碌命，沒事幹，每天歇著不工作，不勞動，會生病的，所以仍得繼續工作。本來我有一份很好的工作，收入多、事情少，輕鬆愉快，非常理想。可是為了返鄉探親，辭掉了那份工作。探親回來後，想再找個事幹，但是一直沒找到合適的工作。目前，我每天到處遊蕩，無所事事，可說等於在休息。

　　崗河趙先生，年紀比我大，今后如再見到他時，叫他趙大爺比較禮貌。至於他走時，送行與不送行，並不太重要。如果先前已經向他說過要去送行的話，那就一定要去送行比較好，否則不只不禮貌，還會讓人譏笑咱們失禮失信哩！你所知道的，我第一次返鄉時經北京，順便給安陽李家帶錢回去，他們弟兄兩個跑到北京去迎接我，並護送我回到咱家，我當時不讓他們送，我和他們素不相識，按理他們也可以不送我，可是他們看到我的家人沒有來及到北京迎接，他們就堅持要把我送到長葛家中。理由是四十

多年來變化大，怕我一個人找不到回家的路，同時也顧慮到路上的安全問題，這就是禮貌。不過趙先生不是外人，我倆情同手足，他不會計較的，只是以後再遇到類似情形時，要稍加考量及注意。

你總是為我的負擔顧慮很多，令我很感動，不過也不需過份擔心，我會量力而為的。

你說讓我不要太節省，該吃的就買。關於這一點我不知道該怎麼說才恰當，想當初，年輕時，能吃、能喝、能玩時，沒有這份財力支應。，現在，勉強有這種財力了，可是人老了，對吃、喝、玩、樂已力不從心了，奈何！

拉拉雜雜，漫無頭緒，胡扯了一堆，就此擱筆。

　　即　祝

平安　愉快

　　　　　　　　　　　　愚二叔 字 1991.12.23

根山：

　　來信已收到，請勿為念。

　　從來信上察知你目前的心理仍然矛盾，不妥，你一定要設法克服內在之障礙，全力投注於課業之複習，至於將來之成敗得失，勿太計較，因「謀事在人，成事在天」。將來有成效固然可喜，如再受挫，亦不必沮喪，你不是說過「堅持到底，敗則思轉」嗎？這充分顯露你對事理已明澈領悟。此路不通，總有可通之路，不需老是在迴旋谷裡，窮打轉，天空這麼遼闊，世界這麼廣大，鑽牛角尖和自我約束均屬無益，「學歷」不過是外觀門面而已，真正的實力、本領才是可貴的。

　　你父親古板，你要以你的智慧去影響他，我敢相信你有這個能耐。「有兄有弟理應常團聚是千古真理」，這句話出自何處？願知其詳，不過父子尚難團圓，焉論兄弟？

　　你把咱家裡的情況，不論巨細，就你所見所知客觀介紹一些給我，非常好，我很需要知道有關這方面的資訊，因為我對家中很多情況，好像都感到陌生。

　　「上山老虎，天空飛燕」你把我評估得太高了，今年應該是66歲了，已不年輕了，至於心理嗎？只是『老天真』而已。

　　你說讓我回去辦一個「老人園地」、「青年之家」、「老少皆樂站」，你的社會理念和構想很新穎，也很前

　　進，這些都是現代社會應做的福利措施，任何國家將來都會慢慢推展實現的。

　　台北的冬天尚無法看到雪景，所以雪天的照片將會讓你失望。

　　今年年節中，台北一直在下著細雨，影響外出，也無法拍戶外照，只有待在家中勉強拍了幾張合照，待沖印後，另行寄給你。

　　今年咱家的春節過的都很愉快吧！我相信你一定比去年過的更快活，不是嗎？

　　目前我及全家都平安，請勿為念！即此祝你
學業猛進身體健康！

　　　　　　　　　　　　　　　愚二伯 字 1992.2.11

林漢姪：

　　你農曆正月二十一日來信已收到，對你以往的不幸遭遇，感到非常難過，除深表同情和憐憫外，不知該說些什麼安慰的話，只有說「我們都是苦命人」！

　　你每次看罷我寫給你的信後，總是猜東猜西的去分析，去研究，這證明你對我是多麼的關心和敬重。這也證明你是很細心的，很敏銳的，思維很周密的，我不是在捧你，如果當年不是因成分之累，能多受點教育，你一定會更有成就的。

　　你父親早逝，讓你們受了不少罪，作了不少難，所幸你媽是一個能幹而偉大的母親，他茹苦含辛的把你們幾個都扶養長大，而你們兄妹們也已盡力做到了反哺恩報，不像我背理忘恩，我對你爺奶深感愧疚！

　　上次寫給你的信，因疏忽，表達有不明的地方，現在略作解說如下：

1. 我說「在台灣沒田沒地」惹你們難過傷心，很抱歉，其實我的意思是「我不是農人，不靠種田生活」。我住在大都市裏，是城市人，城市人不靠種田而是靠處理事務生活的。士農工商各司其職，千萬不要為我擔憂。如果硬是分給我幾畝田叫我去耕種，那才真叫我傷腦筋哩！

2. 第一次返鄉時，有關安陽李氏兄弟倆到北京去接我

又護送我回家的事，是針對你上次來信說，沒有給崗河趙大爺送行那件事，打個比方而已，其實我兩次返鄉，都沒有作難，都很順利，回到家雖沒見到你生前的爺奶，但是見到那麼多親人，我還是很高興的，而且你一直把我當上賓，服侍得無微不至，使我感到家庭的溫暖，親情之可貴。因之，一點也沒感到你說的冰冷。

3. 你很想讓我再回去一趟，在一起暢談一番，這麼說再回去一次就夠了嗎？我可以告訴你，我會再回去的，今後我會視情況不定期的回去看你們的，一次兩次三次……甚至無數次，因為裴庄是我的家，我的心永遠是向著家的。

耑此　餘容後談，

祝你

平安快樂

愚二叔 字 1992.3.16

大嫂三弟如晤：

　　來信收悉，勿念！

　　家鄉小麥生長茂盛，令人興奮，預祝今年的農產仍然大豐收。

　　根山已改變初衷，決定棄學就業，也好。今年高招變數仍多，面對親人的期盼及個人的顏面等等，壓力很大，再說就業是遲早的事，上大學畢業後，仍然要找事做，現在機會來臨，放它走有點可惜，這只是我的揣測，不知對不？

　　我這一生從未特意過一過生日，幾十年如一日，早已成習慣了。你們還能記住這件事，非常感謝！

　　返鄉的事，目前還沒甚麼計畫，不過我一定會再回去的，裴庄是我的家，一定會回去的。

　　目前全家均安，請釋遠念！即祝
平安

　　　　　　　　　　　　　　　自德敬書 1992.4.25

根山：

　　頃接來信，得悉你以優異成績獲得就業機會，我為你高興，並為你祝福！

　　記得前些時候，你來信曾表示過要堅持不懈地先完成學業的，怎麼突然間又有如此大的轉變呢？當然人生之路如何走才是正確的，恐怕很少有人能事先察知，因為未來的事很難預卜。現在你既然已作了重大抉擇，就專心朝這方向努力吧。預祝你前途事業如旭日之東昇。

　　成家立業乃人生兩大事，你準備完婚，我先為你道賀，這樣也了卻你父母一椿心事，同時有了心腹良伴，如魚得水，對事業之推展將更會順暢而有助益。至於婚期選在國慶或元旦應該說都可以，由你酌情挑選，或參考各種主客觀因素來決定均可。喜糖我要吃，佳期確定後要先告訴我一聲。

　　最後給你一個建議：在你公餘之暇，勿忘自修與求知，要「學而時習之」，一則自我充實，再者伺機東山再起，因為當今社會裝飾門面仍有其必要性，你認為呢？

　　　即祝

事業順利

　　　　　　　　　　　　　　　愚二伯 字 1992.4.29

海峰賢孫：

收到你8月14日來信，知道你參加中招落第，甚覺惋惜。但是你能夠痛定思痛，下決心重整旗鼓，著實令人振奮。一個人在求學階段，專心學業最為重要，其他的事情都是次要的。你這次應試受挫，一定會很難受，但是不必氣餒，要打起精神，摒棄雜念，專心努力去複習，不貪玩，不取巧，明年競試定會勝利。

你說叫我給你寄台灣的英語書，可以，不過台灣的書合你用嗎？我認為你能夠把在校所學的功課都領悟吸收，就足夠了，不必這山望那山高，你認為對不？

你問到學英文的訣竅是什麼，我可以告訴你我的英語並不好，所以無訣竅可言。不過，聽老師講、要多讀、多講、多看、多寫、多念、多背，總之要多下功夫。一分耕耘一分收穫，讀書沒有捷徑，只有下苦工。

看到你的信，我很高興。但是，你現在正在求學，時間很寶貴一定要專心用功讀書，不要把時間浪費在雜念上面，要記住啊！

　　　　祝你

學業進步

　　　　　　　　　　愚二爺 字 1992.09.04

大嫂、三第如晤：

收到來信得悉根山的婚事已經辦畢，這也總算了卻家裡一椿大事。事前顧慮到天候因素沒有告訴我，雖說遺憾，但是，我仍然很高興，在此特申賀意！

你們一直惦記著我的生日，內心頗安慰，不過我的理念是，父母生我、養我、育我，而我這一輩子竟然沒有機會對父母盡孝，怎麼可以厚著臉皮來過生日呢？所以我從來就不過生日，數十年如一日，以前如此，現在也如此，已經都成了習慣，今後恐怕也不會有什麼改變的。

來信上談到孩子們的婚事，使我想起咱家鄉過去的情形，咱家鄉以往的規矩是「男兒到十七，理當要娶妻，十七不娶妻，要等二十一」，不知現在這個風俗改變沒有？在台灣沒這種規矩，這兒是五花八門，沒有一定成規。目前還正流行著晚婚和單身貴族哩！三四十歲還沒結婚的人多的是，也許是時代潮流吧！還有，在這兒，子女的婚事多由子女們自己作主，父母對這方面很少操心，因為這兒的社會受外界影響大，什麼都講求自由放任，不過他們目前都還沒有結婚，如果有消息，我一定會告訴你們的。

關于信和匯款事，我沒有意思怪你們什麼，不必介意！今後對於去信不一定非回信不可，要靈活運用，有事時回信，如果沒有重要事時，可以不必回信。但是匯款，一定要回信，因為匯款是託別人辦的，所託的人，我不一定全

認識，為了穩當起見，凡收到匯款時，除回執外，最好還是另寫一封信告訴我，萬一發生問題，我在這兒也好馬上追查，你們明白我的意思吧！

　　上次給海峰的英語書是孩子們用過的舊書，僅供參考而已，如果不適用，我就不另寄了。

　　好了，就此打住　順祝

平安　愉快

自德 敬草 1993.03.18

林漢：

　　接到5月25來信，得悉家鄉近況，甚慰！

　　來信說，今年麥子由於風調雨順，生長的很好，豐收在望，這是一則好消息，我為你們感到高興，眼看就要收麥了，恐怕又要忙碌一陣子了，我在這裡給你們加油打氣，並致慰勉之意！

　　你說咱家鄉這幾天已經很熱了，就節令言，也該熱了，這是正常現象。台灣的夏天和家鄉一樣，也很熱了，只有冬天稍有不同而已。

　　從信上看，你很希望我能再回去，我可以告訴你我一定會再回去的，也許心情愉快時，隨時都有返鄉的可能，不過近期內沒有計畫而已！

　　　　好了　即祝

農產豐收

萬事如意

　　　　　　　　　　　　　　愚二叔 1993.06.15

周全、林漢：

1. 收到3月27日來信知道咱們三家都平安，甚慰！

2. 託帶之花生已收到，謝謝！

3. 農曆三月初六的信也收到了，關於打聽李應瑞的事，能夠契而不捨把他給找到，我很高興，也很感佩。不過，太辛苦你們了，尤其是林漢，千方百計地終於把他給找到，本事真大。李應瑞是我患難中的同學，48-49年逃難期間斷糧時，都是靠他接濟幫忙，才免於挨餓。49年分手至今，再也沒有見過面，我已按照地址寫信給他了。他寫給林漢的信我也看過，應該不會有錯，今把原信寄回交林漢保管較妥。

4. 海鋒已進入高中很好，請告訴他再努力，以爭取更好成績。

5. 關於我的生活情形，目前很悠閒，沒事時常和幾個高中時代的同學聊天兼雀戰，主要是打發時間輸贏有限。我們一邊打牌，一邊談天，從古到今無所不談，卻是一大享受。

　　　耑此　祝

全家平安

萬事如意

　　　　　　　　　　　自德 手書 1994.04.29

江華：

　　接來信知道妳已進入許昌職業中專就讀，我感到很高興，也很安慰。

　　妳今年升學受阻，不順利，也不需太過自責，只要盡力了就好，至於成敗不足為憂，只要有志向、有毅力、肯上進、肯努力，一定會有出頭天的。

　　妳問我說妳選擇美術對不對，我可以告訴你天下事繁多，每一種都有其價值，無所謂對、錯、好、壞，只要妳對它有興趣，肯努力，願鑽研，行行都會出狀元。所以說不論美術或音樂，應該說都對，惟望妳選定後，要全心全意朝這方向努力下功夫，堅定志趣，苦學苦練，一定會學好的，一定會有成就的，至於學費，不必擔心，我就能力所及會設法全力支援的。

　　妳說妳的名字與外曾祖父相重之事，不必太介意，因為人的名字不過是一個代表符號而已，叫什麼名字應該說都沒有太大關係，重要的是一個人的品質素養和才學，才是值得重視的。

　　未來三年，為了專心學業要全神投注於學習，非必要勿將時間太浪費在其他事物上面，當然也包括給我寫信在內，切記！

　　　　即祝

學業猛晉

　　　　　　　　　　自德手書 1994.12.20

林漢：

　　頃接你農曆三月初三來信，甚感驚訝，你年前來的信，我都收到了，而且也回了信，為什麼到現在你還沒有收到呢？你每次來的信我都有回信，為什麼你老是收不到呢？寫給寶雲的信，也是經常收不到，真是有點奇怪，現在我把2月23日寫給你的信存底，影印一份寄給你參考，為了保險起見，我以後去信均以掛號寄出。

　　關於再返鄉的事，我也在琢磨，不過，要等你弟弟服兵役回來後再做打算，這恐怕是兩年以後的事了，如有新的行動，我會事先告訴你們的，請勿為念！

　　　匆匆即復

　　　　並祝

全家康泰

　　　　　　　　　　　二叔 手書 1995.04.12

周全，

　　現在讓我們先聊聊天吧！前些時候，美國總統柯林頓先生曾經說過一句話，他說：凡是批評我的人都是我的好朋友，因為他的批評，我才能把缺點改掉。不錯，批評就像一面鏡子，對著它就會發現自己的優缺點，優點繼續發揚，缺點設法改正。如對於批評有不同的看法時，也可以辯解，但是不可有不理性的行為，否則就會被認為是不講理了，一個隨和又理性的人往往樂意接受他人的批評和建議的。肯接受別人批評和建議的人，自然也容易受到尊重，在我的想像裡，你應該是一個通情達裡的人，在我們這一輩裡，你也應該是一個很受尊重的人才對。可是你來信上顯示的，在咱們家族中，你似乎沒有受到應有的尊重，而感到很苦惱，很委屈，這確實是不應該有的。但是原因在哪裡呢？他們為什麼會不尊重你呢？我覺得納悶。記得我先前曾給你說過不少勉勵的話和為人處世的道理，不知你有沒有體會到一點點，有云：「敬人者人恆敬之」想要別人尊重，你自己要先自重。如果自己不撿點不反省，老是依老賣老，自以為是的要求他人尊重你，這是不且實際的。時代在變，人的觀念也在變，人與人相處，惟有誠信、謙和、忍讓、助人、愛人、才能受到他人尊重，否則光是憑著威權要求別人尊重你，這是不智的。就算是自己的子女也一樣，你不能強迫子女尊重你，孝順你，因

為尊重或孝順是出自內心的一種自發性行為，也就是說你在他們心目中有份量，他們自然會尊重你。如果你在他們心目中份量不夠，自然的你受到的尊重就會被打折扣。你不能硬性要求他們尊重你、孝順你，如果硬性要求，其結果不是陽奉陰違，就是虛偽敷衍，這樣一來場面就更尷尬了。所以說要多體察人與人相處的道理，尤其對下輩人，不能把下輩人當下輩人看，要把下輩人當朋友看，這並不是軟弱，這是融洽相處之道，不知你認為這種說法是否有一點道理。

至於我質疑者，並不是你所說的用錢和丟錢的事，也不是父母去世說假話的問題，因為在我的腦子裡，錢財乃身外之物，生不帶來，死不帶去，是一件小事，我絕對不會計較這些的，父母去世說假話，出發點是善意的，善意的假話是有其及時價值的，我更不會責怪的，否則我不就太幼稚了嗎？咱們親兄弟不會有什麼大不了的爭議的，大可放心！

關於家庭和睦團結的事，讓我感受到你有點不客觀，和睦團結不是在嘴上說和睦就和睦了，說團結就團結了，這是發自內心的問題，光是嘴上講很和睦很團結，骨子裡一直在勾心鬥角，你懷疑我，我懷疑你，哪怎麼能和睦團結呢？

　　至於真假信問題，你已作了辯解，真相已明，而且事情已經過去了，也不必再去追究它了。關於看信的事，一般來說，信是個人機密文件，大多數人都不希望他人看自己的信，除非他本人願意，通常都不輕易讓別人看的，譬如你寫給我的私信，你會讓他人看嗎？所以說一定要客觀，要認清立場，不可任性，也不可以意氣用事，否則就會傷感情。我們都已這麼大年紀了，凡事要看開點，看淡點，千萬不要自找氣受，與共勉之。

　　以上拉拉雜雜的，大多都是一些批評性的、建設性的良心話題，但願能作為你今後的參考。

　　據說家鄉正在進行經濟體制改革，不知家中有否受到影響！

　　現在正是秋耕期，希望今年仍然大豐收。

　　我的身體狀況依然如故，請勿為念！

　　專此

　　　餘容後談　祝

全家平安

　　　　　　　　　　　　　　愚兄 自德 1998.8.12

周全、林漢、寶云：

　　時間過的很快，眨眼間又過去了一年，接著來的又是新的一年，新年的到來，除了又長大一歲之外，難免還會勾起思念情緒，無奈由於各種因素不能經常返鄉相見，是為不如人意者，惟藉片紙只字，以傳遞信息，亦不失為抒解懸念之有效利器。

　　目前我的一切情形概如往昔，請勿為念。

　　農曆年將至，僅預向你們賀歲，希望你們全家春節愉快！

　　並祝

新年愉快

全家平安

自德賀 1999.1.25

林漢賢姪：

　　你2月6日來信問到，我以前的信都是親筆寫，現在是打印的，有一點不解，我現在坦白告訴你原因，因為打印的字比手寫的字好看又整齊，而且我的眼力退化很多，寫字實在比較吃力！

　　再者，你三個弟弟目前都還沒有結婚，也沒有訂婚，如有具體消息，我會告訴你的。

　　另外，上次我返鄉時，有八位鄉親托我找人，我回台灣後刊登尋人啟事，已經好多年了，不知被找的人有沒有給他們直接取得聯繫？其中有註明我的電話者，到現在為止，我也沒有接到他們的電話。今寄上啟事影本3張參考，也請順便轉告他們一聲，讓他們也了解一下！

　　　　專此並祝

萬事如意

健康平安

　　　　　　　　　　　　　　愚叔 自德 1999.3.7

林漢愛姪：

　　以前每次收到你的來信我總是高興的，可是今天看到你的來信後卻讓我感到有莫名的難過與悲痛。你媽因病住院你曾來信說經過治療後回家休養了一段時間已經好起來了、痊癒了。其後你每次來信又是這樣寫著：「我媽、三叔、三嬸身體都好，家庭團結和睦，總之一切都好，望叔、嬸不要掛念……等等。」我看後自然很安心，可是今天為什麼會傳來這樣一個噩耗呢？簡直不敢置信，你媽辛苦了一輩子，沒有過過好日子，如今情勢好轉，子女都成家立業了，他養兒育女的任務也全部完成了，照理說她應可享受一點清福的，而今怎麼會突然撒手人間呢？唉！他確實是勞碌的苦命人，此情此景，能不戚戚焉？所幸你們兄弟妹均能善盡孝道，常常守候在她身邊，噓寒問暖，扶持照顧，使能善終歸真，我想她應會安祥泰然瞑目於九泉的。

　　你媽的喪事如何辦理，何時辦理，來信並沒有說明，讓我不解，在此敬謹表達沈痛的哀思。你嬸及三個弟弟聽到此事後均感到痛惜，在此也一併致悼！

　　　　匆匆即覆並祈

　節哀

　　　　　　　　　　　　　愚叔 自德 1999.3.29

書漢：

　　看到你的來信，甚慰！

　　你說要照你媽臨終吩咐的幾件事辦，至死不忘，讓我深為感動。由此也體會到你媽媽的偉大與可敬。你媽媽是一個賢能細心的人，她雖然命苦，年少喪夫，守寡幾十年，但卻能茹苦含辛一肩挑起撫養你們一家的責任。用盡心力讓你們長大成人，並教導你們個個都通情達理，兄友弟恭，尊長侍親，不已欽敬，現在她兒孫滿堂，苦盡甘來，應可享受一點兒孫之福的，可是天不假年，她實在命太苦了，所幸你們都已善盡了孝道，她應會安詳於地下的。

　　談到返鄉，我無時不在打算能夠經常回去看看，但限於精力體力等因素，畢竟不能盡如人意，等狀況許可時，我會找適當時機返鄉看你們的。

　　你要我今年的照片，因為今年沒有刻意照相，現在我把春節時到別人家串門子時所照的相片寄給你們參考，照片上，中間是你二嬸，左邊是石廟劉村上嫁到台灣的媳婦，名叫劉慧娟，那兩個小孩是劉慧娟的。

　　這裡一切如舊不贅言　即祝

安好

　　　　　　　　　　　　　　愚叔 自德 1999.4.22

寶云：

　　昨天（7月8日）陳麒交打電話告訴我說：中范中風了，而且很久了，我聽了感到很驚奇，既然很久了，為什麼來信都沒有提過呢！到底是什麼原因造成的呢？平常血壓高嗎？要及時醫治，中風屬腦神經疾病，要注意飲食，常言道病從口入，切忌吃刺激性食物，以免火上加油！

　　今年給你的生日賀卡我想你早已收到了吧！

　　目前我除老毛病外心臟也不是很好，不過人老了毛病多，也不需要多過擔心。

　　附上過年時在慧娟家照的相片參考！

　　這裡一切如舊不贅言

　　　　順祝

平安

健康

　　　　　　　　　　　　　　　　自德 1999.7.9

林漢：

　　久未通信，不知家鄉近況如何？4月17日寄回去的信我想你早就收到了吧！其中待澄清之處，至今仍懸浮心中。

　　4月12日書漢來信說你媽媽生前曾叫你們記住幾件事：「1.爺爺奶奶忌辰、春節、清明、上墳不能忘。2.不要記以前的舊帳，這十幾年不錯，以後有事商量辦，弟兄家庭要搞好，別讓人家看笑話。3.你二叔是苦命人，從小離家，沒帶走一點家產，和你爺奶一樣，心善良性直，對家沒有偏正之分，以後要對起你二叔二嬸及三個弟弟。4.你二叔給我的項鍊，到那一天千萬別給我帶，把他留給孫子傳下去。」

　　上面這些遺言，我看過後感觸很多，這也說明你媽媽是多麼善良與通情達理呀！現在讓我們對她所吩咐各點加以探討一番：1.節慶上墳是咱們家鄉的習俗，也是孝行表達方式之一，所謂慎終追遠，讓後人不要輕易忘記先人，這是咱們的傳統美德。2.你媽不教你們記以前的舊帳，也就是叫你們忘掉以前的傷心事。既然已經改善了，就要原諒，中國文化講求恕道，多忍讓，少計較，久而久之，彼此間的隔閡就會煙消雲散的，相反地，如果彼此勾心鬥角，心存報復，你打我一拳，我就踢你一腳，那麼就永遠沒完沒了啦！有句話說：「原諒別人就是幫助自己」你可以體會一下其中的奧秘。3.你媽說我很善良，對家沒有偏

正之分，這話未免太誇大，太高抬我了，其實我的缺點很
多，而且多的不得了，只是沒被你們發現而已。4.關於項
鍊你們沒照你媽的吩咐辦，我認為是對的，因為做子女的
一定要能分辨是非利害，這也就是孝行。

　　就時序言，現在應該是秋耕旺季，咱家鄉每一個人一
定都很忙碌，也很辛苦，在此深切期盼大家在辛苦忙碌之
後能夠享受到稱心如意的成果。目前已進入秋季，但是在
台灣仍未脫離夏季型態。還沒感到有明顯的秋意。

　　順祝
平安健康

自德 1999.10.3

周全、林漢、寶云：

　　去函諒已收悉！

　　鐘錶上的指針一分一秒的在走動，牆上的日曆一頁一頁的在往下撕，眨眼間，這一年又悄悄的過去了。接著來的又是新的一年。新年新景新氣象，期望今年比去年會更好，更進步，更幸福！

　　屈指一算，已經五十年沒有在家過年了，對在家過年的印象似乎模糊多了。在模糊的記憶中，咱們家鄉現在應該是天寒地凍，大雪紛飛，圍爐取暖，闔家團聚之時。曾有多次泛起一個念頭那就是：如果有朝一日在家過年，很難想像是否還能適應。比如上次返鄉，是在清明節之前，按理說應該沒有大的問題，但是途經安陽，巧遇小雪，氣溫略低，就讓我醜態畢露，出盡了洋相。所以爾後如果返鄉，必須考量這些因素。

　　關於九二一大地震，確實很大，可以說整個台灣都受到影響，只是台灣南部震動較小，北部較大，而中部最嚴重。北部地區十二層大樓倒塌了好多棟，壓死及活埋的有兩百多人，樓房倒塌的地方距我家約兩公里，我的房子受到影響倒不大，台灣中部受害就太大了，這次地震，全台灣總共死亡兩千多人，受傷九千多人，樓房倒塌八千多棟，數萬人無家可歸，財物損失幾乎無法估計。

　　時光催人老，歲月不饒人，通常來說，年逾古稀，縱

然沒有病，體力也會衰退的，這是自然現象，我已七十好
幾，目前除老毛病之外，視力也不好，心臟病似乎比腸胃
病肚子脹還麻煩，所以每天不斷的在用藥，不過已成了習
慣，我把它當成是日常生活的一部分了，早已不在乎它了。

　　含青前年服完兵役之後，工作了一年多時間，去年八
月又到美國讀研究所去了，預計兩年後學成返國。其他一
切均如往常，請勿為念。

　　今年農曆新年即將降臨，我們沒有帶給你們什麼，謹
以此信向你們大家拜個早年，祝你們全家新年快樂，萬事
如意！

　　　　即此並祝

全家平安
身心康泰

自德於台北市 2000.1.18

周全弟：

　　你元月二十八日來信說：「我常想著咱親兄弟兩個如何在一塊生活談話。」你有這種想法，充分顯露出咱手足親情之可貴，確實是應該的，但是兩地相隔那麼遙遠，要說經常見面，還真是不太容易哩！我曾返鄉兩次，當時有不少談話的機會，而你並沒有充分的把握住，很可惜！以後等我健康許可時，隨時還會再返鄉的，現在暫且常通通信，也可達到談話的目的。你又說：「我很想到那裡去一趟，這也是夢想吧！」我很能體會到你這時的心情，不過這應該不至於全然是夢想；你看，在開放之前，有誰能想到我還活在這世上？有誰能想得到我還會回到咱們家裡呢？所以說天下的事都很難說，說不定隨時會有不可預測的變化的。而今你有這個願望，就讓我們共同朝這個方向去努力吧！只是依當前的情況與相關規定，還有一些限制條件和主客觀因素待克服，現在只有慢慢的期待吧！眼前先維持著通信，有什麼想說的話都可在信上盡情的表達和陳述，簡單方便又經濟。

　　我自從上次返鄉，至今已經超過十年了，在這十年多當中，咱們家鄉有沒有發生過什麼重大的變化等等，有空時可撿重要的酌情告訴我一些，也好讓我對家鄉有所了解？

　　我因心臟病，前些時又住了幾天醫院，主要的目的是依照醫生的建議進行了一項心導管手術，前後過程尚稱順

利，目前我已經出院在家休養，診斷結果將在下次複診時與醫師再作溝通了解，我想情況會很樂觀的，這件事我只是告訴你一下，讓你知道，千萬不要擔憂掛念什麼。

今寄上近照兩張存念，我想這封信在農曆三月二十七日你生日之前可以到達，相片請交給林漢一張留存。

專此　餘容後敘　並祝

生日快樂

平安健康

自德於台北市 2000.1.18

周全、林漢：

　　十二月二十一日來信收到，請勿為念。至於他們幾個的婚事，記得以前曾告訴過你們，這裡和咱家不大一樣，一般來說，子女的婚姻都由他們自己作主，不需父母多操心，不過他們現在都還沒有結婚或訂婚，如有消息，我會告訴你們的。

　　光陰如白駒過隙，眨眼之間又過去了一年，接著來的又是新的一年，這一次，它不僅是新的一年，而且也是新一世紀的降臨年，別具歷史意義，我們大家都能夠有緣歷經此一世代，應該是感到驕傲吧！二十一世紀第一個農曆春節即將來到，我在這裡向你們全家提前拜個早年，希望在新的一年裡更加如意更加順暢更加美滿！

　　　　在此祝賀你們大家

新年愉快

萬事如意

　　　　　　　　　　　　自德手書 2001.1.10

周全、林漢：

　　有了電話就很少寫信了，雖然寫信比打電話經濟，但由於懶得提筆及眼力不好雙重關係，覺得還是打電話比較方便一點。

　　在我的記憶裡，咱家鄉的農忙期到這個時候就算告一段落了，麥也全部種完，經過春耕夏耘秋收冬藏的辛苦之後應該過一陣子清閒日子了，不是嗎？

　　我有一事，請你們誰進城時順便問一下到扶溝有多遠，有沒有公車，打聽之後，等我下次給你打電話時再告訴我就好。

　　近年來，台灣就宿命論，好像流年不利，九二一大地震弄得傷痕累累，至今尚未平復，罕見的土石流又接踵而至，再次造成空前的重創：本來，颱風地震在台灣是司空見慣年年不可或缺的常事，但是，出乎意料的，上月十七日，一個微不足道的小颱風，卻又給台灣帶來了一個有史以來最嚴重的災難──水患：往常，重大災難，在台灣的中部，南部，東部等地區發生的機率比較大些，沒想到這一次受害最大的卻是在北台灣，當然台北市首當其衝了，原因是在短暫的一兩天內就降下了一年的降雨量，原有河道無法承受這樣排山倒海的豪雨和洪水，於是就暴漲外溢，弄得到處淹水，水深到達一二樓，有些低窪地區甚至淹到三樓，地下的設施如地下道，地下鐵，地下商場，

地下停車場，地下室等全都泡湯了，如此一來，電源中斷了，飲用水沒了，電訊不通了，交通癱瘓了，現場狼狽的景象，可用一個「慘」字來形容，財物受損之重當然是不在話下了：還好我住四樓，受害不大，特以告慰。

　　好了，祝願你們闔府康泰，萬事如意。

　　並祝

平安健康

自德手書 2001.11.03

寶云：

　　收到妳一月五日的來信，得悉家鄉這十幾年來的變化很大，而且都是正面的，諸如道路的油化，糧食的豐收，農具的改良，生活水平的提高等等，內心甚感欣慰；惟信中顯示出妳和中范的身體似乎也都慢慢走向下坡了，不已慨嘆光陰之匆匆，但是，可喜者，江華已經服務社會為人師表了，紅豔也即將完成高等教育，不久之後就要參加工作，可說都已長大成人能夠自立自處了，你們的養育重擔也將卸下，好生過著閒雲野鶴的生活，不亦快哉！

　　我年事已高，健康情況日益下滑應屬常態，不過目前還算好，並無大礙。其他一切概如往昔，請勿為念！

　　春節拍的相片今寄回參存，並請轉交給妳三叔及林漢他們各兩張，因為我眼力不太好，同時也沒有特別重要的事情，所以這次除照片外不另給他們去信了。

　　　　耑此並祝

健康如意

　　　　　　　　　　　　　自德 手書 2001.3.5

三、結語

　　上述信扎內容，皆肺腑之言，刺耳者多，讚美者少，不過，可以從信中揣摩我這一生的心路歷程，請參考！

跋

一. 我這本回憶錄定稿之後，芻議原用「耄期絮聒」做書名，經摯友諫諍謂書名四字中有三個字太過生澀，應通俗一點較宜，因之改稱「蒼顏皓首憶當年」以符實情。

二. 本書資料取材，絕大部分來自本人數十年來片片斷斷的隨身日記，和零零碎碎殘破不堪的大大小小手冊之中。這些資料類似垃圾，而我視之如珍寶，有云：「家有敝帚，享之千金」，所以我一直保存著它，不捨丟棄。如今，為了寫回憶錄，就把他們通通請了出來，配合腦海中蘊藏，相互印證，去蕪存菁後，七拼八湊的彙集成冊，草稿就算完成了。

三. 付梓前，意識到央人賜序以壯聲勢，俾提高身價，但自忖樗櫟庸材，詞藻拙劣，唯恐貽笑而斂手，但為補白計，權且以本書之題辭代之，不亦可乎!?

四. 本書之編撰整理，工作繁複，雜亂無章，幸賴犬子含青及兒媳婦碧慧多方協助，始竟其全功，深以為慰！

五. 本書籌印倉促，內容粗糙，文意讖陋，且舛誤百出，尚請讀者諸君不吝指正。

國家圖書館出版品預行編目

蒼顏皓首憶當年：流亡甘苦談 / 李自德著. -- 臺北市：致
出版, 2019.03
　　面；　公分
　　ISBN 978-986-97549-1-0(平裝)

1.李自德 2.回憶錄

783.3886　　　　　　　　　　　　　108004197

蒼顏皓首憶當年
──流亡甘苦談

作　　者／李自德
出版策劃／致出版
製作銷售／秀威資訊科技股份有限公司
　　　　　114 台北市內湖區瑞光路76巷69號2樓
　　　　　電話：+886-2-2796-3638
　　　　　傳真：+886-2-2796-1377
網路訂購／秀威書店：https://store.showwe.tw
　　　　　博客來網路書店：http://www.books.com.tw
　　　　　三民網路書店：http://www.m.sanmin.com.tw
　　　　　金石堂網路書店：http://www.kingstone.com.tw
　　　　　讀冊生活：http://www.taaze.tw

出版日期／2019年3月　　定價／400元

致 出 版　　　　　　　　　　向出版者致敬